カンボジアの近代化

その成果と問題点

Kuniaki Asomura
阿曽村 邦昭
［編著］

文眞堂

本書は，2021年12月30日に89歳で逝去された今川幸雄（ゆきお）元駐カンボジア特命全権大使追悼のために出版するものである。

今川大使は，カンボジアの近代化とその前提となるカンボジア和平の導入のために，全身全霊を尽くし，奮闘された。これは，カンボジアに関心を有する人ならば，誰でも知っている。

本書を今川さんの御霊安かれと祈りつつ，その御霊にささげたい。

2023年3月1日

編著者

今川幸雄元駐カンボジア王国大使

目　次

凡例（外国語の表記方法について）

1．クメール語のカタカナ表記

一般的に，外国語をカタカナ表記する際は，いずれの国からの用語であれ，それなりの苦心が必要であろう。クメール語をカタカナで表記する場合に，できる限り現地で発音されているように表記方法を統一するのが理想的であろうが，執筆者が特定のカタカナ表記にこだわる場合もあって，表記方法の統一を図ることが，かえって混乱を招くとも思われる。そこで，それぞれの執筆者の意向をも酌み，ある程度柔軟に対応することとした。換言すれば，本書の各執筆者の寄稿中のクメール用語のカタカナ表記は，必ずしも，同一ではないかもしれない。ただし，特殊な固有名詞，歴史，文化用語などに関するラテン文字表記については，イタリック体にする場合がある。

2．文献表記の方法

本書では，各論考のクメール語や英語を含め，人名や地名はイタリック体にしない。他方，各論考の文献については，クメール語，英語を含め，学界の慣例に従い，下記の通りに表記する。

記

⑴ イタリック体にするもの
- ⒜ 単行本のタイトル
- ⒝ 雑誌や新聞の名称
- ⒞ ed.，eds.，op.cit.，ibid.，など

⑵ イタリック体にしないもの
- ⒜ 単行本の著者名
- ⒝ 単行本の各章のタイトル
- ⒞ 出版地，出版社名
- ⒟ 雑誌論文や新聞記事のタイトル

序章

阿曽村邦昭

わたくしが，初めて，今川さんとであったのは，遠い昔の1968年のことであった。わたくしは，ハーグにある在オランダ日本国大使館での勤務3年を終え，霞が関の外務省に帰朝，直ちに，経済協力局の政策課に配属された。

経済協力局というのは，大東亜戦争で迷惑をかけた東南アジア諸国への賠償をもととして，インドやパキスタン（当時は，西パキスタンと東パキスタンに分かれたまま，ひとつのパキスタンというイスラーム教徒の国家を形成していた。ベンガル人の国家たるバングラデシュは，まだ，独立していなかった）への有償借款，海外技術協力事業団（OTCA）を通じて行う技術協力，経済協力開発機構（OECD）や反共の東南アジア開発閣僚会議（ASEANの前身）などを処理する国際協力が主な仕事内容であった。

その中で，政策課というのは，経済協力局の筆頭課であって，毎週行われた局議でも政策課長が座長を務めていた。同じ課長でも，最上席の課長なのだ。

当時の政策課長は，野村豊さん（後のベネズエラ，イラン，スウェーデン各国の大使）で，もうそろそろ終わることが目に見えていた賠償に代わる「無償協力」の予算を大蔵省から認められる必要があると考えていた。

そこで，新入りのわたくしが，この役目を命ぜられた。第一に，南越での難民住宅の建設である。野村課長は，当時，ベトナムなどを担当している南東アジア第1課課長の三宅和助さんのところに出かけて，話を聞いてこいという命令なのだ。

野村課長の意図を推測すると，敗戦後の日本を，できるだけ，米国の植民地にしてしまおうという米国占領軍の初期の思惑の強い米国製の現行憲法を逆手にとって，ベトナムへの派兵はおろか，財政援助も，精々，人道的なものが主であった佐藤内閣下の対ベトナム援助も，南越のために難民住宅を建設するのであれば，米国や，当時，まだ，独立主権国家であった南越の不満を緩和できるし，また，難民住宅の建設であれば，現行憲法を盾とする社会党などの「革新派」に，「これは，人道的な援助です」と言えるから，二重の条件を満たしえる良策であった。良策であれば，それなりの報いもありそうでもあった。

さて，三宅課長のもとに出掛けると，「君，この人の話を良く聞いてくれよ」と言って，紹介されたのが今川幸雄さんであった。

この人は，早稲田大学政経学部在学中に外務省専門職試験に合格して，卒業と同時に 1956 年 4 月に外務省に入省，1957～65 年もの間，クメール語の研修期間を含めて在カンボジアの日本大使館に勤務した方であり，既に著書も数冊も出している篤学の士で，カンボジアの事情は詳細にうかがえた。そのほか，わたくしよりも 3 つ年上ではあるが，若年にして，メコン河地域全般について詳しい人物として定評があった。

現在のようなコンサルタントを業務とする会社などがない時代だから，今川さんの話をよく聞いたうえで，伝手を頼って，建設省に難民住宅の建設を相談すると，コンクリートで難民住宅の壁を作ったらどうかと言われたので，その方式に従うことにして，予算は 1 億円であった。

当時の大蔵省の外務主査は，池田行彦さんと言って，わたくしは，この件など無償援助の件で，池田主査としばしばお目にかかったことがある。彼の夫人は池田前首相（元大蔵省事務次官）の娘で，婿入りして，池田姓となり，岳父の地盤を継いで，自民党の代議士となり，わたくしがベネズエラの大使をしていて，ベネズエラの外務大臣が公式に訪日した際には，外務大臣になっていた人物であった。

ところが，実施の段階になって判明したのは，南越にコンクリートを製造する工場がないということなのだ。今川さんも，そこまでは，わからなかったらしい。結局，日本製のコンクリートをサイゴンの港まで船で運んで，当初の予定の 1/2 サイズの難民住宅を建設することになった。

第 2 の課題は，かって，賠償でこしらえたラオス王国（現在では，共産主義の共和国である。世の中の有為転変の激しさが分かろうというものだ）の都ビエンチャンのワッタイ空港の滑走路が航空機の進歩・発達によって，プロペラ機以外の航空機には，短くなったので，日本側で何とかしてくれないかというラオス側からの要請に基づくものであった。

これについては，2〜3年前に，OTCAのフィージビリティ（feasibility）調査を終えていたので，この調査を使えばよろしいということであった。

この案件にも，大蔵省から1億円の予算をつけていただき，実施は賠償課が行うというので，一件落着とばかり思いこんでいたわたくしが，実は，愚か者であったことが，間もなく，判明する。

ワッタイ空港の滑走路の延長工事というのは，日本の予算では，4月1日〜翌年の3月末日の期間に支出することになっているのだが，ラオスでは，梅雨が4月〜10月あたりまで続き，半年も工事ができない。おまけに，ラオスのインフレのため，OTCAのfeasiblity調査の時点よりも，諸物価値上がりで，この計算では，延長工事は無理で，予算の翌年度延長の決定は国会にお願いしなくてはならず，その手続きが大変だから，結局，「やれないという結論に達した」というのだ。結局，新米の阿曽村がヘマをやらかしたということになった。

今川さんの話には，カンボジアの事情やシアヌーク殿下との親交を結ぶに至った経緯，カンボジアの歴史や現状，インドシナ全般の情報など，いろいろと参考になる点があり（今川 2000），これ以後，親しい間柄となった。

なお，わたくしの失敗が大きな原因となって，この後，間もなく，諸外国への援助のための外務省予算の翌年度繰り越しの国会承認を，建設省の工事予算と同じように簡素化する法律が通ったのであるから，世の中は面白い。

今川さんは，織田信長によって桶狭間の戦いで首を打ち取られた今川義元の嫡子氏真（うじざね）の末裔だという。

氏真は，蹴鞠や和歌に秀でた才能を発揮したが，戦国大名としては，戦争技術はイマイチであったようだ。かって，義元の人質として，幼少時を過ごしていた徳川家康の家臣となり，氏真の嫡孫が，室町幕府の名門大名の末裔が，しばしば，任ぜられる「高家（こうけ）」となった。高家の主な任務は，京都の朝廷や公家たちとの礼儀作法実施及び指南で，「忠臣蔵」の悪役である吉良上野介義央（こうずけのすけよしなか）と同じ役割を担っていた。その上，遠い昔には，今川家は，三河源氏の中の名門である吉良家と婚姻による縁戚関係を結んでいたのだ。

このような高家の家柄ではあるが，幕末には，「若年寄」という，通常，大名でなければ，なれないような幕府の重臣だった人物も輩出しているのだから，並大抵の家柄ではないようだ。

現在でも，東京都杉並区に今川町と呼ばれる地域が残っており，そこが今川氏の領地だったという。

菩提寺の観泉寺には，氏真を元祖として，江戸時代の歴代今川家の当主の墓がずらりと並んでいる由。

今川さんは，1979〜82年の間，アジア局の難民対策室長に任ぜられた。難民問題は，いずれの時代でも難問で，これを処理できるのは，当該人物が大人物である証拠なのだ。

ところで，「難民対策室長」というのは，「管理職」であった。今川さんは，誰もが認める強健な努力家・勉強家で，堂々，「管理職」に就任したのだから，称賛に値する。これがなければ，駐カンボジア特命全権大使への道も開けなかったに違いない。

このころ，わたくしは，外務省の海外広報課長として，徳川綱吉の側近として大名までのし上がった柳澤吉保が建設にかかわった庭園たる「六義園（りくぎえん）」近くに所在していた外務省の課長クラス官舎の一角のアパートで暮らしていた。

ところが，今川さんとわたくしが隣り合わせという奇遇に恵まれたのだ。

ある日の夜間に，我が家が，窃盗目的と思われる泥棒に入られ，目を覚ましたら，その泥棒は一目散に逃げだし，警察に電話しても，捕まらなかった。

この時に，今川夫人——今では，「未亡人」となってしまったのだが…——が，隣住まいのよしみで，「お役に立つことがあったら，何でも言ってください」と言われたが，その親切心が身に染みた。今でも，時々，思い起す。

わたくしは，1998年の暮れに，外務省のF官房長からは西欧の総領事に任ぜられるだろうと言われていたのだが，ヒョンなことで，統一後のベトナム大使に任ぜられた。

ハノイに到着したのが，1988年12月28日であり，約2年余りの在任期間であったが，この期間に起こった最大の国際環境の変化は，ソ連の政治的変動・分解と経済的な混乱であり，インドシナに関しては，ソ連のインドシナからの急速な撤退であった。これが，また，ソ連の支配下にあった東欧諸国に影響を与えた。

東独の人々が，大勢，ハンガリーに脱出したり，ベルリンの壁を破壊したりしたのは，このような国々における反ソ連というか，反共産主義の好個の一例である。

ベトナムに話を戻すと，筆者がハノイに赴任した1988年12月の末には，前年12月以来，シハヌーク殿下とヘン・サムリン政権下のベトナム寄りの国家と見られている国（日本は，勿論，未承認）の首相を務めていたフン・センとの間の会談が既に3回も行われており，そのうち，パリでカンボジア和平に関する国際会議が開かれそうな気配が漂い始めていた。

当時，ハノイに旅立とうとしていた筆者に対する日本外務省（具体的には，「Hアジア局長」）の要望は，ただひとつ，「ベトナムの反対でパリ会議に出席できないとなったら，外務省の，いや，日本の面目は丸つぶれだ。何としても，ベトナムに日本の出席をうんと言わしてくれ」というものであった。

ベトナムの外交を取り仕切っていたのは，グエン・コー・タック外相（古参の政治局員であり，副首相でもあった（この名前は，実際には，革命闘士としての“偽名”であって，本当の名前ではない。現在は，息子のファム・セン・ミン外相が，政治局員でもあり，副首相でもあって，親父の跡継ぎとして，申し分ないのだが，それでも，「革命第二世代」に属するので，「二代目」なのは，間違いない)。であったが，1989年1月初めに，着任挨拶に出向いた筆者に対し，ホー・チ・ミンの唱える200万人餓死説などをぶつけてくるなど，同大臣の対日感情には厳しいものがあった。

このようなベトナムと日本との冷たい関係が好転したのは，1989年2月10日に竹下内閣の宇野宗佑外相（この後で，短期間ではあったが，首相になった）が第114回国会外交演説において，カンボジアに触れ，「また，この地域（筆者注・インドシナ地域）の平和と安定にとって不可欠なのはカンボジア問題の解決であります。これにつきましては，最近，当事者間の対話が活発になり，政治解決への機運が高まっております。同問題解決のためには，ヴィエトナム（この当時には，外務省は—従って，大新聞などの報道機関も—まだ，「ベトナム」というカタカナ表記をしていなかった）軍の完全撤退の確保と過去ポル・ポト政権が行ったような非人道的な政策の再来を阻止することが重要でありますが，我が国といたしましても，カンボジア人の真の民族自決の実現を目指した関係国の平和努力を支持しつつ，独立，中立，非同盟の新カンボジアの誕生に向けて，積極的な役割をはたしていく考えであります。」と述べ，ポル・ポト政権を批判するとともに，「独立，中立，非同盟」を旗印とするシハヌーク殿下を支持する立場を明確に打ち出した（阿曽村編著 2013, 348 頁）。

この演説以前，1975 年に，日本はクメール・ルージュ（ポル・ポト政権）の支配するカンボジアと国交を樹立し，翌 1976 年に，福田内閣の園田外相はポル・ポト政権の副首相で，親中国のイエン・サリと会談，その後も，イエン・サリとその夫人イエン・チリトが来日するたびに手厚く接遇したから，日本の外交は親ポル・ポト政権とみなされていたのだ。

これは，園田外相が，戦時中に，中国戦線で，落下傘部隊の下士官であったという事実から推し量って，「中国には，申し訳ないことをした」という悔悟の念から，中国寄りのポル・ポト政権に親しみを見せたのであろうと考えられる。

上述の宇野演説は，日本外交の大転換を意味すると受け止められたのである（今川 2002, 178 頁）。

タック外相は，頼みの綱のソ連の経済援助が，もはや，来なくなったので，日本への切り替えのきっかけを狙っていたのであろうか，宇野演説を大いに好感し（少なくとも，そのように見せようと努力し），事態は急転して，7 月 31 日からのカンボジア和平に関するパリ会議への日本代表団出席につながった。勿論，この他に，シハヌーク殿下の今川さんとの長く続いた，親密な関係を通ずる日本への好意，親日的なスハルト政権下のインドネシアとともに共同議長国を務めたホスト国フランスの日本の経済力活用への期待からする前向きの姿勢も忘れてはならない。

1989 年 7 月 30 日から 8 月 30 日まで開催されたカンボジア和平パリ会議（PICC）第一会期の復興・復旧を扱う第 3 委員会の共同議長をオーストラリアのメリーズ外務貿易省次官補とともに，在パリ日本大使館公使の今川さんが務め，全会一致で公式文書を採択するという成果を上げたが，軍事を扱う第 1 委員会と政治・国際関係を扱う第 2 委員会が主にクメール・ルージュの妨害によって成果を上げることができなかったため，1991 年 10 月 20 日までの 2 年余にわたり，「休会」せざるを得なかった。

パリ会議中断中にも，参加諸国の間では二国間または多数国間で真摯な外交交渉が続けられたが，和平工作の主な舞台はパリからバンコクに移り，今川さんも在タイ大使館の公使として，シハヌーク殿下とフン・センとの話し合いに重点を置いて，カンボジア和平のために活躍されていた。

このころ，わたくしはハノイで日本国大使をしていたが，今川さんが出張してこられるというので，現在で言えば首相府管轄の国立ハノイ大学卒で，高校ないし中学校の歴史担当教員を務め，フランス語を話せる最後の世代に属するヴォー・グエン・ザップ将軍（ベトナム軍のカンボジア全面侵攻に反対し，政治局員・国防大臣の座を失ったたが，国民的な英雄を何らかの形で処遇しなければという考えからでもあろうか，当時，科学技術担当大臣として，名目的に復活）を公邸にお招きして今川さんと面会・対談していただいた。

これから，間もなく，タイの示唆に乗った日本の斡旋によって，1990 年 6 月 4〜5 日に東京でシハヌーク／フン・セン会談が行われる運びとなったが，それ以前に，今川さんはタイのパタヤに出かけ，日本にとっては，まだ，未承認であった国の首相であったフン・センと面会して，フン・センの「カンボジアに関する東京会議」への参加を可能としたのであった。

この会議には，シハヌークと共に，「カンボジア国民政府」(NGC) をタイのカンボジア国境近くの辺境で形成していたソン・サン（Son Sann）は会議に出席したが，クメール・ルージュの代表キュー・サンパン（Khieu Samphan）は来日したものの，会議への出席は拒否した。

ともあれ，日本側（特に，現皇后の父親である O 外務審議官）の強い働きかけもあずかって，国連暫定統治が終了するまでの間，カンボジアの権威の源泉たる最高国民評議会（SNC）の構成について合意が成立したし，クメール・ルージュ（ポル・ポト）側も，後に，これを条件付きではあったが，追認した。これによって，シハヌーク殿下が SNC の議長となったのだ。

筆者は，この会議がまとまらない場合もあり得るが，何かひとつくらいは成果を残さないと，日本としても恰好が付かないのではないかと案じ，クメール民族共通の文化遺産であるアンコール遺跡の非戦闘地域化と保全復旧についてはカンボジア各派いずれも公然とは反対できないであろうから，これを共同コミュニケに組み入れてはどうかという意見具申を行っていた。

6月5日のシハヌーク／フン・セン共同コミュニケを報ずる公電を読むと，第6項にこの意見具申が，全面的に，採用されているではないか。

「東京会議への代表である両者は，アンコール遺跡が非敵対的地域であることを宣言し，国際社会人類の共通遺産であるアンコール遺跡の保存・修復のための協力の幅を拡大することを歓迎する。」

「ああ，自分も少しはお役に立ったか」と胸が熱くなるのを覚えたものだ。

この会議を通じ，シハヌーク殿下とフン・セン間に個人的な信頼関係が醸成され，クメール・ルージュとは距離を置いて，フン・セン側と結ぶことにしたのが，カンボジア問題解決の鍵となった。

これは，今川さんの判断の正しさを立証するものでもあり，シアヌーク殿下と長年にわたって密接な連絡を絶やさなかった今川さんへのシハヌーク殿下の信頼があったということではないだろうか（阿曽村編著 2013, 365-366 頁）。

ところで，東京会議でSNCの構成が決定されたといっても，この決定の前提である国連暫定統治は，まだ，始まっていなかった。1990年に，国連安保理の五大国が国連中心のカンボジア和平をやろうということになり，この年の10月に米国は国連下の暫定的な駐兵，国連による施政権の暫定的な掌握を内容とする一種の国連暫定信託統治のために，とりあえず，50億米ドルの費用見積もりを提示してきた。その費用の大半は，日本持ちが想定されていたのである。わたくしが，このような金額入りの米側提案を知っているのは，その時点で，一時帰国しており，同期のＴアジア局長（Ｈアジア局長の後任・Ｈアジア局長当時の審議官）と一緒にホテル・ニュー・オータニの和食レストランで米側と昼食を共にしたからである。

日本は，「どうせ，『平和憲法』のせいで，派兵することなどできっこないから，お金はたっぷり出させよう。しかし，日本は，わき役どまりで，大事な案件には口出しさせない」というのが，当初の米国の考え方であったし，これは中国の利益にも合致するものであった。当時，わが国連代表部が公電で，「米国は日本がアジアで政治的役割を演ずることなど欲していないかのようである」と慨嘆したことを覚えている。

1991年10月23日にパリでカンボジア和平パリ協定が調印され，今川さんはバンコクから帰朝し，初めは，カンボジア SNC 日本代表となる準備をしていた。当時，わたくしは，ベトナム大使の任を解かれ，「待命」中で，今川さんと広々とした，共同の大使室にいたが，今川さんが大声で，「明石さんにこう伝えてくれよ」などと話していたことを思い出す。

国連暫定統治機構の問題に戻ると，日本は，「お金をとられるだけではたまらない」と奔走し，すったもんだした挙句，やっと，日本，タイ，オーストラリアの 3 カ国が安保理常任理事国たる 5 カ国と密接に協議にあずかることとなった。国連のカンボジア暫定機構（UNTAC）の特別代表に日本人で，生え抜きの国連人たる明石康国連次長が 1992 年 1 月に任命されたことは，日本にとって極めて有利な結果をもたらした。

というのは，この UNTAC が成功したので，日本の「顔」が明石代表の「顔」とダブって，国際平和構築の面で，前よりも，「なかなかやるじゃないか」と思われるようになったからである。今川さんは，当然，駐カンボジア特命全権大使となった（阿曽村編著 2021, 34–37 頁，並びに阿曽村編著 2013, 357–373 頁）。

1993 年 3 月 24 日，カンボジアで新憲法が公布され，シハヌーク殿下が，国王として，再即位した。息子のラナリットが第一首相，これまで唯一の首相であったフン・センが第二首相となった。

ところが, 1997 年にクメール・ルージュの扱いをめぐり，ラナリットとフン・センとの間に武力衝突が起こり，フン・センが勝利し，翌 1998 年の総選挙でも大勝し，さらに，2003 年，2008 年の選挙でも大勝して，フン・センはその地位を確固たるものとした。フン・セン独裁の声が聞こえるようになったのだ。

今川さんは，1993 年から 1996 年までの間，主権を回復したカンボジア王国に対する日本国大使として，日本が第 1 位の援助供与国になるなど，実に様々な活動をされた（もっとも，最近では，中国が日本にとって代わり，大規模な援助国となり，その代表的な無償援助は，閣僚評議会の豪華絢爛たる建物である。フン・セン首相も，毎年のように，北京を訪れ，中国から多大の援助を取り付けているのだが，この援助の中味がよくわからず，中国側の関係者も，カンボジア側も，利益をむさぼり，汚職蔓延に至っているとする説もある。もっとも，官吏の汚職は，今に始まったことではなく，古代から，中国，朝鮮，東南アジア諸国にわたる「伝統」のようなものだ。独り，日本だけが,「武士は食わねど，高楊枝」というようなサムライ文化の影響で「官吏の汚職」が比較的少ない事にとどまっていうようだ)。今川さんは，1996 年に退官された後は，関東学園大学法学部教授（法学部長も，図書館長もされた）として教鞭をとられる一方，日本クメール学会の会長として，カンボジア研究の第一人者と見なされるようになった。おまけに，フン・セン首相の地位が確固たるものになるにつれ,「外国の大使には外務大臣が会えばよい」という態度となって，今川さんの後釜の大使がフン・セン首相と会えなくなってきたので，日本外務省は，今川さんを「参与」に任じ，毎月のようにプノンペンに送り込み，情報収集や交渉を依頼したのである。このほか，来日するカンボジア要人の世話も，今川さんが行っていた。

わたくしは，この間，プラハに 3 年，その後で，カラカスに 4 年もの長きにわたって日本国大使を務めていたが，この間には，今川さんとの関係が以前よりも密接ではなくなったことは，否めない。

しかし，わたくしが退官後，大学の教授を務めていた最中の 2007 年の梅雨時に「メコン地域での各国の専門家はいるが，どうも，たこつぼ式で，他の国との比較などが思わしくない。これを打破するために，研究会のようなものをこしらえたらどうだろうか」と考えて，真っ先に相談したのが，今川さんであった。今川さんは,「研究会」のことを，いろいろ，細かいことまで，教えてくれ，実に，有難かった。

こうした努力が実って，2007 年 9 月 12 日に,「メコン地域研究会」の第一回会合がユーラシア 21 研究所（吹浦忠正理事長）を会場に開催された。今川さんは，本来は,「会長」に収まるところを，わたくしを「会長」に推したものだから，わたくしの発議で，今川さんには「会長代理」となっていただいた。また，今川さんには,「悠々と流れる大河メコンと私」と題する記念講演をしていただいた。本書の「コラムⅠ」に，その概容が記載されているので，メコン地域に関心を有する方であれば，是非，読んでいただきたい。

今川さんは,「メコン研」の例会に，まめに出席され，質問もよくされており，当初は本書の共同編著者をお願いする予定であったが，最近では，体調がすぐれず，入退院を繰り返され，2021 年 12 月 30 日に逝去されてしまったのは，

89 歳の高齢とはいえ，何とも残念でならない。

【引用・参考文献】
阿曽村邦昭編著（2013）『ベトナム—国家と民族— 上巻』古今書院。
阿曽村邦昭編著（2021）『タイの近代化—その成果と問題点—』（特に，今川幸雄執筆 第 2 章「カンボジアから見た隣国タイとの関係」）文眞堂。
今川幸雄（2000）『カンボジアと日本』連合出版。
今川幸雄（2002）『ベトナムと日本』連合出版。

コラムⅠ

悠々と流れる大河メコンと私

今川幸雄

1．メコン河流域5カ国中4カ国に在勤して

私は，外交官生活40年のうち，最初に駆け出し時代の8年間（1957～65）と最後に和平成立後初代大使としての4年間（1991～96），計12年間カンボジアに在勤したほか，ラオスに2年間（1973～76），国交正常化最初の臨時代理大使としてベトナムに2年間（1975～76），タイに2年間（1992～92）と，計18年間，メコン河流域諸国に在勤しました。

ミャンマーには在勤したことはありませんが，外務省在勤中には，何度か，出張しましたし，近頃では，縁あって，たびたび，ヤンゴンに，2007年も，既に2回行き，10月にもゆく予定です。

こうしたことで，私は，あのメコンの黄褐色の水に，限りない愛着となつかしさを感じています。メコン河こそ流域5カ国にとって，母なる河であり，流域5カ国に大自然が与えた富と繁栄をもたらす貴重な水資源です。

2．大河メコンの流れ

メコン河は，水源を遠く中国はチベット高原東部の海抜5,000メートルの山中に発し，中国雲南省（中国語では，ランツアン江）の南で中国領を出て，ラオスとミャンマー，タイが国境を接する，いわゆる，黄金の三角地帯からラオス領内に入って，ルアンプラバン山脈の東を南下し，首都ビエンチャンの西100キロ余りの地点から，ラオスとタイの国境に沿って南下を続け，コーンの大瀑布を下ってカンボジア領に入り，同国中央やや東部を北から南に貫流して，ベトナム領に入り，ベトナム南部の広大なデルタ地帯をゆるやかに流れ，やがて，南シナ海に注ぐ，全長4,200キロで，世界第9位の長さを誇る国際河川であります。

大河メコンは，中国内の部分を，通常，その「上流」と称し，南の5カ国を流れる部分を，その「下流」，あるいは，「下流」の中でも，コーンの大瀑布までを「中流」，その南を「下流」と称することもあります。

3．メコン河流域5カ国＝インドシナ5カ国

現在の中国領内から東南アジアに入ったメコン川流域の5カ国，上流からミャンマー，ラオス，タイ，カンボジア，ベトナムは，いずれも，その大部分，または，一部が中世クメール王国の版図に入っていた国々ですが，地理的には，これら5カ国によって形成されるアジア大陸南西部の半島をインドシナ半島，これら5カ国をインドシナ諸国といいます。中でも，19世紀から20世紀にかけて，フランス植民地政策の支配下にあったカンボジア，ラオス，ベトナムの3カ国は，インドシナ（旧仏印）三国といわれます。

インドシナとは，その名の通り，インドとシナ（中国）の間ということで，文化，芸術，言語，宗教等々の面で，インドとシナが出会う地域であります。インドシナ半島の背骨をなす形で南北に伸びるチョンソン（安南）山脈の西側にあるミャンマー，ラオス，タイ，カンボジアの四国は，ヒンドゥー（インド）文化圏の東端，山脈東側のベトナムは，漢（中国）文化圏になっています。

4．大河メコンの開発と環境保全

大河メコンを，農業灌漑，漁業，水力発電，洪水・旱魃対策，水質浄化，船舶航行等の面で，国連も関与して，国際協力で開発しようとする動きは，旧仏印3国が独立した1953～54年から3年を経た1957年，当時バンコクに本部のあったECAFEの肝いりで，タイ，カンボジア，ラオスおよび当時の南ベトナムによって「メコン河下流調査調整委員会」（通称，「メコン委員会」）という国際機関が設立され，日，米，英，仏，豪，北欧諸国なども域外協力国として加わり，以来，今日まで50年の歳月を経てきましたが，1960～70年代から激しくなったベトナム戦争，ラオス内乱，カンボジア紛争など戦乱のあおりを受けて，日本を含む諸外国により進められてきた調査および一部のプロジェクトの着工事業は頓挫して，メコン開発のための国際協力は中断されました。冷戦の終了とカンボジア和平実現により90年代後半からかつてのタイ，カンボジア，ラオス，ベトナムの下流4カ国に，中国，ミャンマーの上中流域2カ国を加えた6カ国構成により，新「メコン委員会」が発足し，域外国も協力の姿勢を示しておりますが，調整は必ずしも，効果を発揮しているとはいえず，流域各国による自国本位の経済利益追求の乱開発，沿岸都市の工業化による水質汚染，自然生態系の破壊などが進み，大河メコンの流域諸国は，開発か，環境保全かのジレンマに立っているといえます。しかし，そこは，21世紀の人類

の知恵で開発と環境保全を両立させることにより，メコン河とその流域諸国の平和と繁栄を促進することは可能と，期待したいと思います。

5．カンボジア国内のメコン河

私がかつて在勤した4カ国では，例えば，ラオスのビエンチャンで，メコン河の西，タイ側に沈むあまりにも美しい夕日，反対に，バンコクから夜行列車でノン・カイについても6時最初の渡し船を待つ間，メコン河の東，ラオスのタドウーア側から昇るギラギラ輝く強烈な朝日の迫力，メコン河が三角州のようにいくつもの河川に別れてベトナム南部のカンボジア人が多く住む旧コウチシナの水田地帯をあたかも支配者のごとく堂々と流れる河流の壮大さ等々，どこでも，感激の思い出は尽きませんが，特に，ここでは，私が計12年間という長い期間，在勤したカンボジアに焦点を絞って，カンボジアの恵みの母である大河メコンの本流，支流，分流とその周縁の様相について述べてみたいと思います。

ラオス南端のコーンの大瀑布を落下してからカンボジア国内に入ったメコン河は，ストゥントレン付近で北東および南東の高原地帯から流れてくるセサン河，セコン河，スレポック河の3支流を合流して，幅を広げ，クラチエ付近までは，川幅が3〜4キロにもなりますが，川中島が点在し，岩礁や浅瀬が多数あります。クラチエから南は，川筋が1〜2本にまとまり，コンポンチャムを過ぎると，川幅の広くなったメコン川は，沖積度の平原地帯の中を割って進み，川蒸気など船の往来が多くなります。メコン河の本流は，プノンペンの王宮前でトンレサップ河を合流し，バサック河を分流します。このX字型分合流点をチャドモック（四面）といいます。プノンペンの南で，メコン河の本流は，いっそう，滔々として，悠々と流れ，3,000トン級の外航船が行き交い，文字通り，国際河川らしくなり，分流バサック河と20〜30キロ離れつつ，平行して，南下し，ベトナム領内に入ります。

カンボジア国内における大河（トンレ・トム）メコンは，長さ500キロ，川幅1.5〜4キロで，豊水期の水量は渇水期の約20倍に達し，豊水期の流れは秒速5,000〜7,000メートル，水位は渇水期よりも10メートルも高くなります。

プノンペンのチャドモックで，メコン河の本流に合流する支流トンレサップ河と，その上流にあるトンレサップ湖（カンボジアのほぼ中心に北西から南東の方向に横たわる大淡水湖）は，カンボジアにとって，非常に重要な存在です。トンレサップ河は，プノンペンから140キロ遡上して，トンレサップ湖の南東端に繋がります。トンレサップ湖は，乾期終わりの渇水期には，面積約2,700平方キロ，水深1～3メートル程度ですが，雨季の終わりの豊水期には，メコン河が吐き出しきれなくなった大量の水がトンレサップ湖を逆流して増水し，面積10,000平方キロ，水深10～15メートルに拡大します。トンレサップ湖は，メコン河の大量の水を，トンレサップ河を通じて，雨季には飲み込み，乾期には吐き出してくれますので，自然の調水槽の役割を果たしています。増水期には，トンレサップ湖周辺の約7,000平方キロの森林は冠水し，樹木の幹の膠物質が魚の好餌になるため，魚の産卵，繁殖，成育に最適の天然養魚場として，淡水魚の宝庫となります。

メコン川本流と支流トンレサップ河および分流バサック河に沿って帯状に延びる土堤の上は道路となり，その付近には人家が密集しています。土堤の背後にある数十ないし数百メートル幅の地帯は，毎年，河の水が氾濫して，肥沃な土壌を供給するため，古い沖積土の上を新しい沃土が覆い，チャムカー（畑作地）と呼ばれる野菜や果樹などの栽培地となっています。チャムカーの外周は，プレックと呼ばれる小川や水路により，増水期に河の水が浸水し，大小無数の沼，池が存在する沼沢地帯で，浸水量を水門で調節するコルマタージュ（沈泥灌漑）農法が行われ，大豆，とうもろこし，胡麻などが栽培されて高収穫をあげています。沼沢地帯よりさらに背後の一隊が，粘土質砂土のスラエ（水田）地帯で，稲作が行われています。

メコン川の本流と支流および分流は，カンボジアの恵みに母であり，カンボジアの人間はもとより，全ての動植物は，母なる大河メコンの恵みを受けています。全人口の8割が農村人口であるカンボジアにとって，農業，水産業，畜産業などの第一次産業こそ最重要産業です。平和と安定を回復して15年になるカンボジアにとって，将来の繁栄と幸福は，一つにかかって，大河メコンの恵みを受けながら，自然を大切にし，農業を始めとする第一次産業を今後さらに発展させることができるか否にかかっているといえましょう。

（編著者注：本稿は，今川幸雄氏が，2007年9月12日（水）の「メコン地域研究会」の発会式にあたり，特別に「記念講演」として講演したものを，当時の今村宣勝事務局長の協力でまとめたものである。）

第 1 章

カンボジアの遺跡エンジニアリング

──和平と復旧復興のマスタープラン──

遠藤宣雄

はじめに

『タイの近代化』に続き，このたび文眞堂から『カンボジアの近代化』が刊行されることになった。執筆が予定されていたので何をどのよう書くべきかを決めるため近代化の意味を調べたら2つの側面があった。ひとつは古代，中世，近代，現代のように時系列的に見る場合，もうひとつは封建主義，共産主義，資本主義のように内容を見る場合である。両方とも社会が豊かになることを近代化といっている。両者は織物のタテ糸とヨコ糸の関係になっているからカンボジアの時間の経過をタテ糸，その時々の日本の関わりをヨコ糸にして「政治外交面の近代化」と「社会文化面の近代化」に分けて両国の関係を述べる。その前に「隗より始めよ」というから「日本の近代化」である明治時代を振り返って導入部にする[1)]。

序　日本の近代化：明治時代

日本は四方八方を海に囲まれているから「井の中の蛙大海を知らず」(出典：荘子の秋水篇)，つまり「世間知らずで自分以外の事には関心を持たない」と揶揄されることがある。父や学校の先生から「そういわれないように視野を広げなさい」とよくいわれたものだ。熊本にある「わさもん好き」という言葉は「新しいものを好む」という意味である。蛙といわれることへの反発からか，日本人は一般的に好奇心が強い上に根気があって負けず嫌いである。

江戸時代末期，欧米諸国は市場や資源を求めてアジアに来た。インドや隣国の中国は卑下されたり横暴に扱われたりして被害に遭ったが，それを垣間見ていた日本は同じように扱われたり植民地にされたりしないように，身分制度の廃止や廃藩置県を断行し封建時代の制度や因習を改め先進国の仲間入りをする脱亜入欧の大方針を定めた。それは殖産興業と富国強兵を目標にした近代化の政策で実現のためには半世紀をついやした。近代化政策として先ず挙げるべきはお雇い外国人の招聘である。その数は半端ではない。1868（明治元）年から1900（明治33）年までに招聘された人材はイギリスから4,353人，フランスから1,578人，ドイツから1,223人，アメリカから1,213人で，これだけでも8,367人を数える。月俸は最高が1,045円で造幣寮支配人（今でいう財務省の大阪造幣局トップ）のイギリス人トーマス・ウイリアム・キンダーが取得したが，この金額は当時の日本の総理大臣（800円）の1.3倍であった。

次は，1871（明治4年）11月12日から1年10カ月，留学生や女性4人を含む団員100人を派遣した岩倉使節団（以下，使節団）である。派遣目的は幕末から明治元年にかけて4カ国（アメリカ，イギリス，オランダ，ロシア）と結んだ不平等条約（治外法権あり，関税自主権なし）の改正準備であった。使節団は12月6日サンフランシスコに着き16日間滞在した。この間数々の施設を訪れたが，行く先々で下にも置かない歓迎を受けて気が緩んだのか1872（明治5）年2月3日ワシントンに着いた時は当初の目的を逸脱し，条約改正の予備交渉を始めてしまった。が，ここでハプニングが起こった。意気込んでいた一行を待っていたのは国務長官ハミルトン・フィッシュ（Hamilton Fish）の「交渉委任状を見たい！」という冷水だった。一行は面食らった。欧米では常識であった国際法である万国公法の存在を知らなかった。そのため交渉権を示す主権委任状が必要なことを知らず持参しなかった。大恥をかいた使節団は，慌てて大久保利通と伊藤博文を1カ月と10日余り掛けて帰国させた。国内では反対があり外務省は発給を渋ったが大久保らの努力で5月14日明治天皇からグラント大統領宛ての「国書御委任状」が交付された。5月17日日本を発った2人は6月17日ワシントンに戻ったがその日の会議で交渉は打ち切られ派遣目的も急遽12カ国の現状視察に戻された[2)]。

1873（明治6）年6月3日使節団はイタリアからオーストリアに入って万国

博覧会（以下，万博）を見学した。第1回目は江戸時代の1851年ロンドンで開かれ，2回目も53年ニューヨークで開かれ，6回目がウィーンのプラーター公園で開かれていた。この万博は政府の初参加初出品で統一テーマは「文化と教育」であった。30カ国から7万点以上の展示があったが，アメリカ，イギリス，フランスからは見るべき出品が無かったといわれている。欧州諸国は機械の出品と分かっていたので日本はドイツから招いたお雇い外国人ワグネルの助言を容れて精巧な美術品や特異な物を出品した。例えば名古屋城の金の鯱，鎌倉の大仏や五重塔や神社の本殿の模型，浮世絵，正倉院の宝物の楽器や刀剣，日本庭園等であった。皇帝や皇后も来訪され一大ジャポニスム（日本ブーム）を巻き起こした。閉会したらイギリスのアレキサンドル・バーク商社は日本庭園をそっくり買い上げた。使節団員の山田顕義陸軍少将は国内が富国強兵で躍起になっていることを憂え，「兵制や軍事より教育と法律の整備が急務だ！」という感想を遺している。

話は変わるが，この時期に一冊の名著が現われた。38歳の新渡戸稲造が1899年に著した“BUSHIDO–THE SOUL OF JAPAN”である。日本人は頼山陽，徳川家康など20人しか登場しないのに外国人は孔子，キリスト，ハムレットなど140人近く登場するため西洋人には親しみやすく，翻訳も多く出て不思議の国日本を知らしめるためには絶大な効果を発揮した。条約改正の方は1899（明治32）年イギリスとの条約で治外法権が撤廃され，1911（明治44）年アメリカとの条約で関税自主権が認められ半世紀を経て不平等は解消された。世界広しといえど半世紀の間に日本ほど近代化にエネルギーを投入した国は無いだろう。

1．政治外交面の近代化[3]

(1)　近代化の前半

本稿で検討するカンボジアの近代化の対象期間は1863年8月フランスの保護国になった時から1993年9月カンボジア王国誕生までの130年とする。これを2つに分けて，前半は1863年8月から1979年1月ヘン・サムリン政権樹立までの国の破壊の抑止までとしこれを「政治外交面の近代化」とする。

この時期の国王の最大の狙いは完全独立の達成で，フランスとの政治外交面の関係が主題であった。独立達成の努力にはさまざまな活動が含まれている。例えば，1952年6月の独立十字軍運動，53年2月から2カ月に及ぶフランスとの独立交渉，53年4月国際キャンペーンへの転進，53年11月9日完全独立獲得，70年3月ロン・ノルのクーデター，53年から70年まで17年間の独立享受と国の構築，75年4月のクメール・ルージュ政権，79年1月のヘン・サムリン政権による国の破壊抑止などである。保護国になって不自由を味わったシハヌーク国王の完全独立獲得に示された情熱は凄かった。それは太平洋戦争末期に現われた。日本軍は1941年7月8日仏印南部に進駐し米英を硬化させたことを知ってフランス軍の武力行使を恐れ1945年3月9日武装解除を行った（明号作戦）。この間本国から赴任したばかりの松本俊一(しゅんいち)大使も陸軍司令官土橋勇逸(つちはしゆういつ)中将もベトナム，カンボジア，ラオスの仏印3国に随意による独立宣言を勧めていた。そのため武装解除によってフランスの保護権が中断した間隙をぬってカンボジアは3月13日（ベトナムは3月11日，ラオスは4月8日）一方的に独立を宣言したが8月15日日本の敗戦で帳消しになった。これはノロドム・シハヌーク国王が如何に完全独立を強く望んでいたかを示す証である。

シハヌーク国王の努力は戦後も続けられた。その典型が1952年6月15日国会を解散して全権を掌握したこと，3年以内に完全独立を達成すると公約してはじめた独立十字軍運動，1953年2月フランスに乗り込んで談判したが失敗し4月国際キャンペーンに切り替えたことなどである。国王は4月10日カナダに向かい，ニューヨーク，ワシントン，サンフランシスコ，ホノルルを回って4月28日東京に着いた。天皇陛下は温かくお迎えしお茶会を開いて努力を労った。国王はフランスとの対応の違いを知って感動された。このことからも日本はカンボジアと親しかったことが分かる。国王は滞在中ホテルから一歩も出ず完全独立獲得のために関係者と連絡を続けられた。20日余りの滞在のあと5月13日日本を発ち14日プノンペンに到着されたが，その日は大変お目出度い日で現在のノロドム・シハモニ国王の誕生日であった。歓んだシハヌーク国王は王子の愛称を「トキオ」（トウキョウ）と付けられた。こういう国王の行動にフランスはどう対応したか。

フランスはシハヌーク国王の国際キャンペーンに驚き，国王が東京に滞在中であった5月9日司法・軍事・財政の新協定に調印して妥協の気持ちを示したが国王は満足せず，6月16日タイに行かれた。フランスからタイに圧力が掛かり，ピブーン統治下のタイもシハヌーク国王には好意的ではなかったため訪タイは成功せず，国王は6月19日カンボジアに帰国された。しかしプノンペンには帰らずバッタンバン市からシェムリアップ市に行き「完全独立の達成まで首都には帰還しない！」と宣言された。これが功を奏し，8月29日司法権と警察権が委譲され10月17日軍事権が委譲されて，ついに1953年11月9日完全独立を獲得した。ここまできて1863年から1953年までの90年にわたる長い長い努力が実った。これは近代化の前半のフランスとの政治外交的抗争の終焉を意味し，近代化の後半は和平，紛争解決，国の再構築，社会や文化の復興が目標になったことを示している。1955年2月7日「国王は独立獲得の使命を達成したか？」という国民投票が行われ，99.88％の人が達成したことに投票した。この結果を国民の信任と解釈された国王は，3月3日王位を父ノロドム・スラマリット殿下に譲り自分は殿下になって国政を指導された。1955年4月7日サンクム・リアッ・ニヨム（人民社会主義共同体）を結成し総裁に就任された。

(2)　外交方針の大転換――ベトナムからカンボジアへ

1945年8月15日ポツダム宣言を受諾して連合国に降伏した日本はどういう行動をとったのだろう。当初は虚脱状態で，政府の最大の関心事は民間人や在外軍人の本土引き揚げであった。1952年4月28日サンフランシスコ平和条約が発効し日本は平和国家として再出発した。この時期の大きな国際問題は第1次ベトナム戦争（インドシナ戦争）であった。1946年11月20日ホー・チ・ミンは国民にフランス軍への全面抗戦を呼びかけた。これが8年に及ぶインドシナ戦争である。結果は，54年5月7日フランス軍がディエンビエンフーでベトナム民主共和国軍（北ベトナム）に降伏して終わった。第2次ベトナム戦争の始まりはいつか？　宣戦布告なしに行われたため始まりには諸説あるが，ここでは北ベトナムがトンキン湾で起こした事件への報復という名目で，アメリカ軍が1965年2月7日行ったベトナム北部への大規模の爆撃（北爆）であったと考える。ベトナム共和国（南ベトナム）を支援したアメリカ軍の介入は，南ベトナム解放民族戦線や北ベトナム軍との内戦を国際戦争にした。

この時期の日本の関心事は内政では国の復興で，1956年経済白書は「もう，戦後ではない！」という名言を吐いた。外政では第2次ベトナム戦争の和平に参加することであった。しかし，アメリカにはアメリカの視点があり，日本は不甲斐ない同盟国と非難されていた[4)]。日本では「ポスト・ベトナム」の語が先行し「第2次ベトナム戦争さえ終了すれば東南アジアにおいて相応の役割を果たすことが出来る」と期待されていた。そのため，1973年2月26日から3月2日パリで開かれる予定であった第2次ベトナム戦争の和平のための拡大パリ会議への参加に希望を持っていた。でも当事者である北ベトナムからもアメリカからも「第3国に嘴を入れて欲しくない」と思われていた[5)]。担当であった今川幸雄2等書記官は（1969年11月，駐フランス日本大使館でアジア関係政治問題を扱う政務第3班所属。カンボジア，ラオス，ベトナムの担当官で）本省の訓令を受けて度々お座敷外交をしていたフランスの外務省に通って参加を打診したが埒が明かなかった。今川氏はとうとう親しい間柄であったフランス外務省アジア局参事官のイーヴ・ロバンに見解を求めた。ロバンは率直に述べた。

「日本がいくら，この国際会議に参加を働きかけても実現不可能と思う。アメリカに協力してベトナムに派兵したオーストラリア，韓国，フィリピン，タイも参加できないからである。また当事者と国連事務総長以外の参加者は西側4カ国（仏，英，加，インドネシア），東側4カ国（ソ連，中国，ハンガリー，ポーランド）と均衡させている。ベトナムの国際会議に執着せず，事態がますます悪化して手が付けられなくなっているカンボジア問題の解決のため，やがては国際会議が開催されると確信してそれまで待つことだ。シハヌーク殿下ともロン・ノル政権とも話し合いが出来る日本が，そこで役割を果たすよう将来に向けて積極的な外交政策をとられることを勧めたい」，と[6)]。

何という親切な説明だろう。内情をここまで詳しく説明されたら納得せざるをえない。殺し文句は「派兵した4カ国も参加を拒否されている」ということであった。こういう事情を踏まえて日本も今川氏も1973年3月ベトナムの和平からカンボジア和平への協力を目指して帆船の穂先をカンボジアにむけて大きく舵を切った。ロバンの見解に付言していうと，今川幸雄氏は外交官研修のあと1957年カンボジアに赴任した。間もなくシハヌーク国王とも面会し歓迎されて“シハヌーキスト”になったと述懐している。先走って結果を予告すると，これから始まるカンボジア和平実現のための地味な政治外交面の下積みの成果は16, 7年後大きな3つの勲章を携えて表面化した。今川大使とロバンとの親密な関係をみると外交官の仕事は「人と人の関係」によって大きく左右されることがあることを改めて想起させられる。

(3)　カンボジア人による和平

美しかった国土を破壊し国民の心身を疲弊させたポル・ポト政権に代わって1979年1月9日ヘン・サムリン政権が誕生した。生きる気力を失っていた社会からは何も生まれないが，果たして和平に向かう動きが出て来たのは衣食住に希望が見え始めた1987年であった。12月2日シハヌーク殿下とフン・セン首相がパリ郊外で初の二者会談を行った。もちろん会談には参加できないが，シハヌーク殿下から呼ばれて会場であったホテルで成りゆきを見守っていた。それほど今川氏は殿下と親しかった。二者会談は4年間に5カ国で9回も開催され名実共に和平と近代化を牽引した機関車であった。ここで最も肝心なことは「和平はその国の人同士の活動」ということでこれが大原則であった。シハヌーク殿下は何時もそのことを考えておられた。だから二者会談に異物が介入することは許されなかった。これにはいい実例があるので紹介しよう。

パリで2回目の二者会談が行われた1988年1月20日から6カ月後の88年7月24日，インドネシアはボゴールにカンボジア4派（シハヌーク派，ソン・サン派，クメール・ルージュ，プノンペン政府），ASEAN諸国，ベトナム，タイを集めて「ジャカルタ非公式会合（JIM)」を開いた。趣旨はカンボジア紛争の地域主導型解決にあった。結果はどうだったのか。殿下の欠席で見事に失敗した。事前の殿下との合意も無く利害の調整もなしの『ぶっつけ本番』だったからだ。和平に協力したいという意図は良かったが「方法論」が拙かった。さらに信じ難いことにインドネシアは7カ月後の1989年2月19日，2回目のJIMを開き，こちらも殿下の欠席で失敗した。シハヌーク殿下の儀典長ケック・シソダ夫人の内々の言によれば「カンボジア問題は自分がフン・センと解決すべきである」[7] といっておられたそうだ。殿下は信念を明確に吐露されていた。以上のことから，カンボジアの近代化はカンボジア人によるカンボジア人のための近代化である，と公言して憚らない。

カンボジアの自助努力を支援するために国際社会も動き出した。それが1989年7月30日日本を含む19国で設立されたカンボジア和平パリ国際会議（以下，パリ会議）である。パリ会議には3つの作業委員会が設けられ同年8月30日までの第一会期を務めた。役割は第1委員会が軍事問題，第2委員会が国際保障問題，第3委員会は難民及び避難民の帰還並びに将来の復興問題であった。今川幸雄氏はオーストラリアのロバート・メリリーズと共に第3委員会の共同議長に推された（報告官はタイのロナチュック・スワスデイキアット大佐）。これは1973年3月外交方針の大転換から16年に及ぶ地味な活動が評価された3つある勲章の1つ目である。委員会の審議は円滑には進まなかった。妨害したのは決まってキュー・サンパン派のサンパンであった。「悪いのはベトナムだ！」「ベトナム兵が農民服を着てカンボジアに入って来る！」「侵略者であるベトナムを断罪しない限り和平は無い！」と繰り返し主張した。それは妨害のための妨害であった。第1委員会（共同議長インド，カナダ，報告官フィリピン）も第2委員会（共同議長ラオス，マレーシア，報告官フランス）の共同議長も何度となく発言を制止した。サンパンはこれに対して激情し得意なフランス語で度々発言したので2つの委員会は実質的な審議に入れず解消され，第3委員会だけが残った。第3委員会における今川共同議長の活躍は目覚ましく，パリ会議の成功に果たした貢献は高く評価されている。ここで日本への勲章の2つ目について述べる。それはSNC（最高国民評議会：Supreme National Council，総選挙を通じて新政府が出来るまでの暫定政権）12人の派別の構成比（権力分掌，パワーシェアリング）の決定で，1990年6月4･5日東京の第7回二者会談で決まった。その2カ月前の4月5日のこと，シハヌーク殿下はタイの英字紙ネーション *The Nation* の記者との会見で「プノンペン政府2分の1，民主カンプチア連立政府三派2分の1が良い」と重大発言をされた。東京会議では殿下の発言を容れて「シハヌーク派2人，ソン・サン派2人，キュー・サンパン派2人，プノンペン政府側6人」として提案し無事に受け入れられて大役を果たした。人も国も大きな役割を与えられた時ほど遣り甲斐がある時は無いが，東京会議は今川大使にとっても日本にとっても正にそういう機会であった。今川大使は述懐されている「東京会議は第2次大戦後の日本外交において，初めて第3国の紛争解決を目的とする政治的な会議を主催したことで正に画期的なことであった」と。パリ協定第二文書によれば，1990年9月10日ジャカルタで最高国民評議会（SNC）が発足し，91年7月17日北京でシハヌーク殿下が議長に選出された。1991年10月21日から23日までの第2会期ではパリ協定が調印されパリ会議は終了した[8)]。3つ目の勲章は以下に述べる「拡大P5」の突然の誕生で，これは天が今川氏に与えた最高の役柄だったと思われる。

2．社会文化面の近代化

⑴　近代化の後半

カンボジアの近代化の後半は何時だろう。1970年3月のロン・ノルのクーデターの後の混乱，75年4月から始まったポル・ポト政権の蛮政による荒廃の中で79年1月9日に誕生したヘン・サムリン政権が破壊を抑止し，国の再構築を始めた時から1993年9月の王国誕生までの約15年である。近代化後半の主たる狙いは何か？　それは「和平」と「復旧復興」である。これを支えたのがユネスコ（UNESCO，国連教育科学文化機関），遺跡エンジニアリング，上智大学アンコール遺跡国際調査団（以下，上智大学調査団）等の積極的な活動であった。ここに至って，すでに述べた近代化の前半と今から述べる近代化の後半を分けた理由が明確になり違いもはっきりしてきた。前半はフランスからの完全独立が主題であったが後半は紛争解決，和平，復旧復興が主題であった。そして後半の活動の狙いは国の象徴で国民の誇りである「アンコール・ワット」を全面的に活用することであった。つまり，後半の活動テーマは社会や文化になった。ヘン・サムリン政権は破壊の抑止と国の再構築の計画を発表した。1984年8月第4回革命人民党大会に提出された「カンボジアの復興ルネサンス計画」がこれである。それは文化復興を国家復興に結びつけることで，1979年から2000年までを4期に分けた20年の国家再建計画を含んでいる。その理念が「伝統文化の復興をもって国家復興の柱にすること」であった。まだ多くの国民が衣食住にも事欠く時期に，伝統文化の復興を柱にした高潔な再建計画が打ち出された。フン・セン首相は1988年5月ラジオジャパンのインタビューに答えてこう述べている。

「我々は今の状態を文化のルネサンスと呼んでいる。どうやら食べていけるようになりようやく伝統文化のことを考えることが出来るようになった。伝統文化とは自分たちが慣れ親しんできた音楽，舞踊，語りついできた民話とか仏教儀式などである。こういうものが再び元の状態に戻れば人々の心に安らぎが生まれる。これが文化復興だと考えて国家復興の柱に位置付けた」と。

こういう国が何処にあるだろう。社会主義を標榜していたとはいえ，一番苦しい時に伝統文化を放棄しなかったカンボジアという国の気概は実に見上げたものであるといえよう。

⑵　シハヌーク殿下の宣言

SNC議長シハヌーク殿下はヘン・サムリン政権が打ち出した文化のルネサンス計画を具体化された。それは1991年9月12日ユネスコ主催第2回アンコール遺跡救済専門家円卓会議であった（第1回会議は88年10月タイで開催）。殿下は国民に誇りを持たせ国家再建に立ち上がる勇気と希望を持たせるため国の象徴で国民の魂であるアンコール・ワットを世界遺産に申請すると宣言された。感動した聴衆は総立ちで暫く拍手喝采（standing ovation）を惜しまなかった。翌年の12月14日アメリカのニューメキシコ州サンタ・フェで第16回世界遺産委員会が開かれた。ここでシハヌーク殿下は宣言通りアンコール地域を世界遺産に申請された。まだ多くの国民が日々の衣食住にも事欠く時に，伝統文化の復興を国家復興の柱に据えた理念はまるでひとつの美学である。この時殿下はアンコール遺跡保護計画も提出された。その素案を作成したのが本稿の「3.⑹　遺跡の保存計画作成の国際会議」でいう国際会議であった。

⑶　直訴による突然の「拡大P5」の誕生

「拡大P5」について述べる。これはP5に代わる臨時のカンボジアにおける協議機構である。9カ国から構成されているが5カ国は常任理事国のアメリカ，イギリス，フランス，ソ連，中国，あとの4カ国はパリ会議と第3委員会の議長団であったインドネシア，日本，オーストラリア，タイである。これはUNTAC（国連カンボジア暫定統治機構）と協力して総選挙を行いカンボジアの和平と復旧復興に多大の貢献をした。特記すべきは日本のSNC担当大使であった今川幸雄氏の介入によって誕生したことであるが経緯はこうである。1991年12月3日SNCはタイのパタヤで会議を開いた。会議は午前と午後に開かれたが問題は午後の方であった。順序として午前の会議から述べると，出席者はP5の5カ国の大使とパリ会議で仏と共同議長を務めたインドネシア大使の6人であった。これについて今川SNC大使は「6カ国だけで，勝手にカンボジア和平について話し合うことは極めて不満であったが敢えて忍耐した」と述べている[9)]。問題の午後の会議が始まった。出席者は午前の会議に出た6人の大使の他に新たにSNCの12人が加わった。順序からいうと次は今川SNC大使であったが呼ばれなかった。外交官，特に大使は常に冷静で忍耐強く安易に興奮してはならないことは分かっていた。普段は紳士的な今川SNC大使は「遂に私の堪忍袋の緒が切れてしまった」といい，血相を変えて自室を飛び出し第1，第2委員会は解消されていたので第3委員会の共同議長国であったオーストラリアのSNC大使と報告官国であったタイのSNC大使を誘ってシハヌーク殿下のところに行った。儀典長に「殿下に緊急の用事があってまいりました」といった。殿下は直ぐ出て来て「オー・ムッシュー・イマガワ」といわれた。今川SNC大使はいった。

「殿下に申し上げます。カンボジア和平のために，日本，オーストラリア，タイは本当に努力してきました。日本はSNC構成の東京会議を開き，オーストラリアは和平協定の基礎の案を作り，タイは様々の努力をした上に今日この会場を提供してくれています。それにも拘わらずSNCがP5とインドネシアだけで協議されているのは正直にいって不愉快です。日本，オーストラリア，タイも協議に入れていただきたい！」と[10)]。

シハヌーク殿下はジェスチュアたっぷりに「日本は大変よくやってくれた，オーストラリアもタイもよくやってくれた。どうぞ中に入りなさい。オブザーバーとして参加してください」といって，6カ国の大使とSNCが協議しているところに招き入れてくれた。これについて今川SNC大使は「カンボジア和平に関する限り，ほぼP5並みの地位を獲得した」と述懐されている。いくらSNC担当の大使でも，普通なら恐れ多くてとても殿下に直訴など出来ないが，話の筋を通し豪放磊落の気性を持つ今川氏は違った。刻々と移り変わる状況を感じつつ「ここだ！」「今だ！」と判断した当意即妙の直訴とはこのことをいうのだろう。こうして珍しい拡大P5という新しい協議機構が誕生した。日本はカンボジアの近代化に大きく貢献するが，今川大使という傑出してカンボジアを愛する人がいなければ不可能であった。メンバーには後にドイツが加わり10カ国になった。

⑷ 「拡大P5」の会合

拡大P5の初会合は1991年12月7日ソ連大使公邸で開かれた。1992年2月28日UNTACが出来てからは明石康国連事務総長特別代表が毎回出席してPKO（国連平和維持活動）の実情を説明された。UNTACの活動期間中拡大P5の会議は1週間に1回，各国大使の持ち回りで開かれた。1993年5月23日から28日の6日間，UNTACや拡大P5等の努力で第8回総選挙が実施された。4カ月後の1993年9月24日ラナリット殿下とフン・センの2人の首相による新生カンボジア王国が誕生してSNC，UNTAC，拡大P5の役割は終わった。

3．日本の遺跡エンジニアリング

⑴ 政府の活用・企業の活用

「遺跡エンジニアリングという方法論はどのように使うのか？」という質問を受けることがある。これは遺跡エンジニアリングの隠された役割を引き出す意味で大変いい質問である。最近では1990年11月上智大学を訪問したカンボジアの情報文化省の使節団員Tから出された。「政府が国際文化交流や国際貢献に使用する場合と，利益を追求する企業がビジネスで使用する場合がある」といったら「両方を聞きたい」といわれたので，カンボジア政府が使う場合を述べることにした。その前提として遺跡の数を聞いたら「国には3,000，シェムリアップ州には2,000，アンコール地域には100ある」とのことであった。

数が多いことに驚いていたら，側にいたSが「アンコール・ワットは国の象徴で，国民の魂です！」といった。日本にも遺跡は多いが国民が日本の魂とか誇りという遺跡は思い浮かばない。TやSの話を聞いて国旗にアンコール・ワットがデザインされている理由が解った気がした。それはアイデンテイテイの誇示であった。3,000の遺跡にはヒンドゥー教の神々に奉納された寺院，釈迦の涅槃像，宮殿，貯水池，診療所などが含まれている。これらは天然資源の石油，石炭，鉄鉱石などとは何が違うのだろう。皆でアンコール遺跡の特徴を挙げた。とにかく，①遺跡の数が多い。②設計思想がヒンドゥー教の宇宙観である。③美的である。④使えば使うほど知識が拡大再生産される。⑤国の象徴，国民の誇りである。⑥1992年12月世界文化遺産に登録された。⑦保存性が大である。⑧分布が広い。⑨構造がしっかりしている。⑩精緻な彫刻が多い，などであった。

話を戻して日本政府がカンボジア政府のために遺跡エンジニアリングを使う場合を挙げたら3通りあった。第1は，アンコール遺跡を国内で活用する計画書作成に使う場合，第2は，遺跡に代表される文化遺産を「世界遺産リスト」に登録する申請書作成に使う場合，第3は日本や各国のODA（政府開発援助）を引き出す申請書作成に使う場合，である。日本政府がこれらの計画書や申請書の作成を日本の専門企業に手伝って貰う場合は契約に基づいてフィー（fee，駄賃や謝礼）を支払う必要がある。こう考えると遺跡エンジニアリングの活用は，国にとっては文化交流，企業にとってはビジネスチャンスの開拓に使うことができる。

ペットボトルには「捨てればゴミ，使えば資源ペットボトル」という標語がある。遺跡も活用しなければ粗大ゴミである。序にいうと観光の語源は中国の古書，四書五経のひとつ「易経（えききょう）」の「観国之光利用賓于王」（国の光を観るはもって王の賓（ひん）たるに用いるに利（よ）し）で，「国の光をよく観て，この威光が優れている国の王の賓客（ブレーン）として重用されるのが良い」という意味である。このことから「観光」は自国の光を理解する，自国の光を人に見せる，他国の光を観る，というふうに使われている。光とは威光のことで，内容は花鳥風月や歴史的文化的な文物である。

⑵　語源はエンジン

遺跡エンジニアリングでいうエンジニアリングとはどういう意味だろう。多くの簡易英和辞典，例えば『エースクラウン英和辞典』（三省堂）には工学技術，と書かれている。これでは意味が良く分からない。調べたら語源は古代ギリシャ語のエンジン（engine）であった。意味は歯車，滑車，投石器，跳ね橋など器用に作られた物の総称であった。今日エンジンといえばオートバイや自動車の発動機を意味するが，なぜそういう意味になったのだろう。何冊かの技術発達史を見たが納得する説明がないので自分で作った。

「18 世紀，イギリスで産業革命が起こったが，そのきっかけを作ったのがジェームズ・ワットの蒸気機関であった。ワットは２本の鉄のレールを敷き，その上に重い蒸気機関車を乗せて走らせたが脱線しないで走った。これを見た市民は驚いて，これこそエンジンの中のエンジンだといって称賛した。このことから発動機がエンジンと呼ばれるようになった」と。

これで当たらずとも遠からずと自負している。次は工学の本当の意味は何かである。ここで思い出すのは高校の英語の先生の言葉である。「英語の名詞の意味が分からない時は，動詞の意味で考えよ！」。そこで動詞を見たらエンジニア（engineer）で意味は「巧みに物を作る人」であった。そこでエンジンを作る人がエンジニア，エンジニアがエンジンを作る仕事がエンジニアリングという意味になることが分かった。エンジニアリングに似た言葉にマネジメントがある。辞書の意味は「管理」で，これもピンとこない。そこで動詞を見たら manage で「じゃじゃ馬を乗りこなす」という意味であった。これなら生き生きした意味で子どもにも分かる。ではエンジニアリングとの関係は何か。森からじゃじゃ馬を捕獲するのがエンジニアリング，その馬を巧みに飼い馴らしたり乗りこなしたりするのがマネジメントである。

⑶　三面鏡

三面鏡とは遺跡の性格，ユネスコの考え，エンジニアリングとの関係を図示したものである。作成の目的は相互関係の明確化である。ユネスコは世界遺産条約第５条⒞で文化遺産の扱い方を述べている。世界遺産を有する国は保護の方法論を構築すべし，と。思想は方法論があって初めて実現される。遺跡を巧みに活用するにはユネスコがいうように方法論にすべきである。

文化遺産	ユネスコの理念	エンジニアリング
＊文化遺産は祖先が自然に働きかけた衣食住の証 ＊文化遺産は現代人が活用すべき意味・価値・重要性を含む ＊石油・石炭・鉄鉱石は自然が造営した天然資源だが，文化遺産は人間が創造した歴史的文化的な資源	＊著しい意味・価値・重要性を含む文化遺産は人類共有の遺産 ＊世界遺産は認定・保護・保存・整備活用・伝承されるべし ＊各国は世界遺産を保護活用する方法論を開発すべし	＊エンジニアリングの真意は物事を巧みに処理し活用すること ＊これを応用して世界遺産の意味・価値・重要性を引き出し６分野に活用すべし ＊６分野は学術的調査研究・保存事業・専門家養成・次世代教育・文化観光・文化遺産の存在地域の発展

図 1-1　三面鏡

そのために企画実施に使われる道具を構築したが字数制限があるのでここでは，①三面鏡，②亀の子アプローチ，③要素体系の説明に限った[11)]。

⑷　要素体系

要素体系は用語集である。遺跡の保存や活用の計画作成に使われる。これは作業を数人で分担する場合に威力を発揮する。AとBが長年一緒に仕事をしていたと仮定しよう。おおよそ同じ考えでも，その考えを文章にすると決して同じにはならない。「てにをは」が違うだけでなく用語が違い使い方も違う。その違いを可能な限り少なくするひとつの方法が用語集である。用語は次に述べる亀の子の図のAからFの6分野ごとに決められている[12)]。

⑸　亀の子アプローチ

遺跡の活用の分野を6つ挙げて図示した。これを見れば遺跡の活用分野は観光に限らないことが分かる。6分野の内容は易しいから説明は省く。ここで言いたいことは活用という易しい分野でも図示しないと易しいかどうか分からない，ということである。

よって何事も一度図示するとよい。自然界では正六角形が最もバランスが取れていて安定している。そこで雪の結晶の六角形を使って６つの活用分野を図示した。

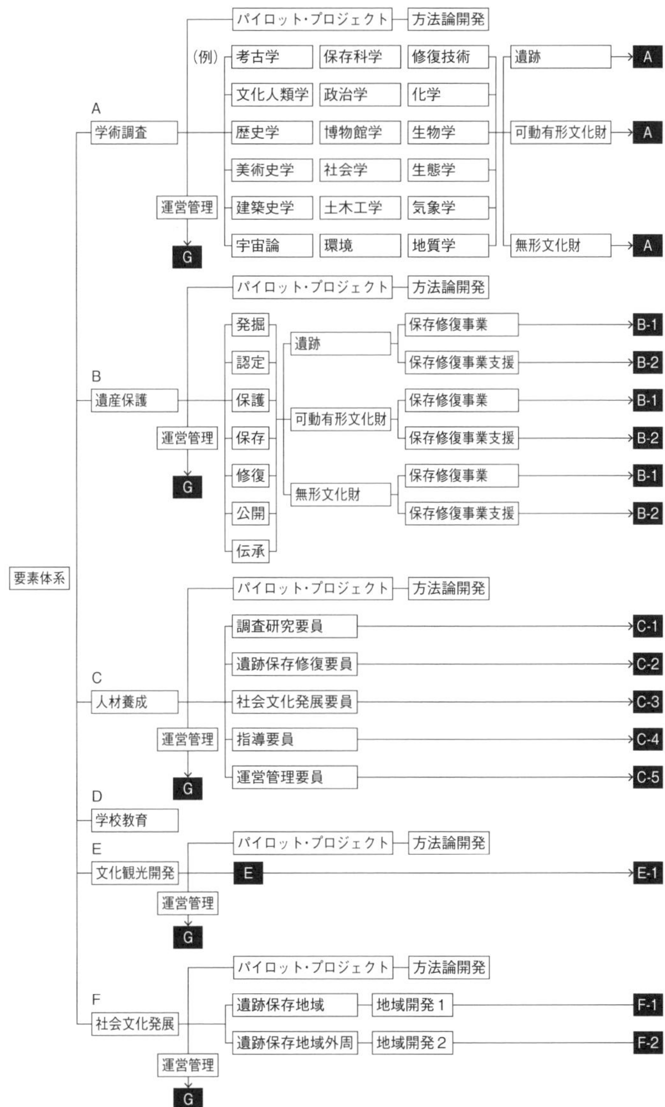

図 1-2　要素体系の全体像

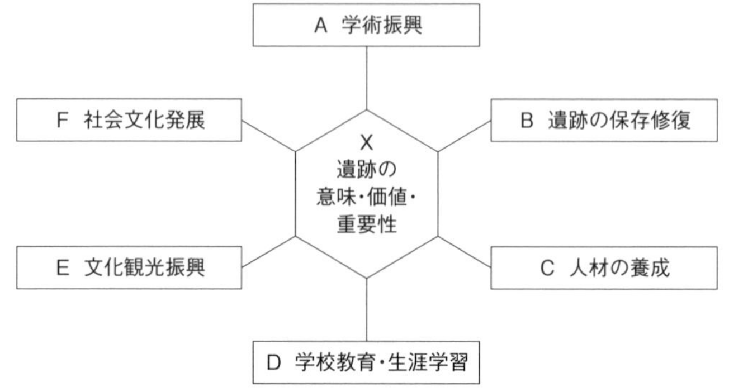

図 1-3　亀の子アプローチ（遺跡活用の六角形）

⑹　遺跡の保護計画作成の国際会議

カンボジアの問題は歴史的文化的資源をいかに保護し活用するかである。その方法は遺跡エンジニアリングの考えが適当である。理由は初めからカンボジアへの適用を意識して構築されているからである。そこで国際会議を開いて説明し合意の上で作成したという手続きをとった。これは本来ならSNCが作るべきであるが準備が整っておらず不可能だったのでユネスコと上智大学調査団が全面的に協力した。ユネスコが協力することは分かるが，なぜここにきて上智大学調査団が出て来るのか。知らない人はそう思うだろう。そこで上智大学調査団の活動を見てみよう。当時は鹿児島大学教授で後に母校の上智大学に移籍した石澤良昭教授は鎖国状態にあった1980年8月から遺跡の荒廃ぶりを調査して世界に救済を訴えるなど，大学の枠を超えて活動していた。調査研究はいうに及ばず写真展を開き講演会も行っていた。さらに遺跡保存の方法論を活用し遺跡救済のソフィア・アピールを発信していた。だから上智大学調査団が協力しなければ誰もカンボジアを応援することが出来なかった。

筆者の国際会議での関心はSNCの出席者が発表を理解するかどうかではなかった。これから遺跡を保護する責任者になる人が「これは使えるぞ！」と思って吸収してくれることであった。その人とは誰あろうヴァン・モリヴァンその人であった。こう考えるとカンボジアの社会文化面の近代化は，ヴァン・モリヴァンの存在がなければ実現しなかったといえよう。

国際会議の正式名称はアド・ホックディスカッション（Ad Hoc

Discussion）である。開催は1992年8月の23・24日の2日間，場所はプノンペンであった。出席者はSNCからの12人の他にユネスコパリ本部・ユネスコプノンペン事務所・UNTAC・ハンガリー水資源公団・フランス極東学院・タイ教育省等から1人ずつ上智大学調査団からは3人で計21人であった。ユネスコから発表するように要請されたので「大胆な提案をする！」と断って次の7項目を発表した。①タテ割り行政を廃し全体を統括する新しい政府機関をつくる（アプサラ機構として実現），②各省の大臣13人の会議を設置する（最高国民文化評議会として実現），③政府機関の本部をプノンペンではなくアンコールに置く，④各国の協力の申し出を調整する仕組みをつくる（International Coordinating Committee：通称ICC，アンコール遺跡救済開発国際調整委員会として実現。ユネスコを事務局とし日本とフランスが共同議長），⑤アンコール・ワットの周辺に観光用の高層ビルはつくらない，⑥各地から市民を招きワットの清掃，警備を行う，⑦アンコール地域を遺跡，森林，住民の共存共生地帯にする，等々であった。上の①から⑦を読者はどう思われるであろう。これらは実は1987年4月に1カ月間で構築されたものである。大胆な提案はヴァン・モリヴァンにラオスでの勉強会で提案された。それらを見てモリヴァンは「よし，自分がやろう。カンボジアを文化の先進国にしよう」と思ったようだ。だからカンボジアは欧米に引けを取らぬ国として栄光を保っている。

SNCの出席者からの反応は無かったが，筆者が最も期待していたSNC12人の代表モリヴァンから「エンドー，色々実行するよ！」という積極的な反応があったので満足した。国際会議はSNCが1992年12月までに実施すべき6項目（省略）を作成して散会した。

4．カンボジアの遺跡エンジニアリング

(1)　モリヴァンが選んだ方法論

話は一足飛びにラオスの勉強会に移る。1993年5月13日午後2時，ビエンチャンのモリヴァンの邸宅であった。それは単なるお勉強ではなくモリヴァンが採用する遺跡エンジニアリングの考えの選択の場であった。初日は夫妻と3

人の信頼感を深化させることであった。午後と夕刻に 5, 6 時間も行われた。話題は生い立ち，学歴，職歴，生活信条，関心事，考え方，趣味，嗜好などの紹介であった。モリヴァンは 1946 年 20 歳の時シハヌーク殿下に選抜された 7, 8 人の 1 人であった。後にクメール・ルージュの悪玉になったサンパン等と共にパリに派遣されてソルボンヌ大学に入った。当初は政治法律学部であったが肌に合わないといって，直ぐフランス高等美術学校（エコール・デ・ボザール）に入りなおして建築を学んだ。学校の歴史は古く 1648 年まで遡る。モリヴァンは 10 年後帰国した。だから建築の他にフランス語や社会文化を学び紳士としての礼儀作法も身に着けたに違いない。モリヴァンはカンボジアを代表する建築家兼都市計画者で代表作には独立記念塔，チャドモック国際会議場，オリンピック・スタジアムなどがある。いずれも作品のあちこちに「ボザール様式」が反映されているというが何のことだろう。文献を見ると「堂々とした古典的なファサード（正面）には豊かな装飾や彫刻がある」「交差点は広場になっていて，そこには大きな彫刻がある」とある。分からないでもないが素人には「パリの大改造のとき都市全体に適用された様式」という方が分かり易い。改造前のパリは酷かったようだ。道幅は狭くまだ石畳もなかった。細道の両側には建物が建っていて下層部は一日中日が当たらないから昼間でも薄暗く通風が悪かった。溝や窪みに溜まった水は黒くて悪臭を放っていた。セーヌ川に流れ込む水路もあって不衛生であった。産業革命は 1830 年代以降見る見るうちに欧州各国に伝搬しフランスにも波及してパリの人口は急増し悪条件が重った。セーヌ川の中州のシテ島は貧民窟になり疫病が蔓延して放置できなくなっていた。大改造は 1853 年に始まって 70 年まで 17 年間行われた。実施したのはセーヌ県知事ジョルジュ・ウジェーヌ・オスマン（Georges Eugène Haussmann）である。彼はナポレオン三世の構想を踏み台にしてパリを一変させた。路地裏は全て破壊され道路の幅は拡げられて東西南北一直線になった。建物の色や形は統一され整然とした都市景観を生み出した。街の内側には中庭を設けて緑化された。当然セーヌ川の水も浄化され下水道は 4 本も作られた。それは高さ 4 メートル幅 2.4 メートルの巨大なトンネルであった。大改造はパリ全体を衣替えしたため巨匠ヴィクトル・マリー・ユーゴ（Victor-Marîe Hugo）やオノレ・ド・バルザック（Honore de Balzac）が描写した古めかしい昔の風景や街並みは姿を消して二度と見ることは出来なくなった。が，新しく現れたものも多かった。エトワール広場（12本の放射状の道，中心に凱旋門がある），ガルニエ宮（ガルニエが設計したオペラ座），プティ・パレ（パリ市立美術館）など枚挙に暇がない。モリヴァンは留学先で日本の近代建築（モダニズム）の牽引者丹下健三と会っている。丹下は留学していないからたまたま訪れたのだろう。「世界の丹下」の作品は東京都庁舎，大規模な吊構造の国立代々木競技場，広島の平和記念資料館などである。世界の建築分野のモダニズムをリードした巨匠ル・コルビュジェ（Le Corbusier）から強い影響を受け日本のモダニズムの先駆者といわれている。丹下とモリヴァンに共通することはボザール様式を適用したこと，建築の近代化を実施したことなどである。モリヴァンは筆者が大学では教育を学び工業高校では機械科に属していたことに興味を示して「学生時代は，遺跡とは無縁だったようですね？」といい，続けて「遺跡エンジニアリングはどこか都市の改造計画に似たところがある」といわれた。やり取りを聞いていた夫人は「2人とも，似ているわね，専攻を全く違う方に変えたところが！」といわれた。夕刻7時から9時まで夕食を摂りそのあと歓談に移って深夜になった。帰ろうとしたらモリヴァンは「明日から，女房も加わっていいですか？」といわれた。「もちろんです，どうぞ！」とはいったものの「なぜ夫人が加わるのだろう」と思って気にしながらホテルに着いたらもう11時を回っていた。

(2)　ホテルは建てない！

それは2日目であった。狭い机がますます窮屈になった。夫人は「お勉強って面白そう，私も入りたい！」といった。夫人が面白そうといった本当の理由は何だろう。理由が知りたかったので尋ねた。夫人は「エンジニアリングっていうので，難しい機械のことかと思ったら違ったわ。森林や住民やアンコール遺跡が出て来たし，クロマーやピンピエットという仏教音楽も出て来た。そこで，私も考えをいいたいと思ったの」といわれた。夫人から「面白そう！」っていわれたことは初めてなので嬉しくなった。久しぶりにオキシトシン[13]というホルモンが溢れ出て来たようでやる気が出てきた。ところでその日は夫人の希望で「文化景観」から始めた。夫人は「アンコール・ワットの周辺は，どのような景観にしたらいいと思う？」と聞かれた。いい問題意識だなと思った。これについて筆者には確固たる考えがあった。ホテルの建造は「ノー！」だ。フランスの保護国時代，西参道から100メートル西に一軒のホテルがあった。素敵なデザインだったそうだ。

筆者は夫妻に「ホテルを建てることをどう思いますか？」と尋ねた。夫人は軽い調子で「あら，いいんじゃないの！」といわれた。モリヴァンは頷いていた。それは最も恐れていた反応であった。夫人の考えを直ちに否定するのは無粋だから，自ら考えを翻すように仕向ける必要が出てきた。そのホテルは誰のために建てられたのだろう。外国人観光客や一部の富豪や賓客のためであろう。アンコール・ワットを楽しんで貰おうという軽いサービス精神から出たものに違いない。でも初めて訪れた1989年3月ホテルは完全に破壊されていた。土台のコンクリートの欠片が枯草の中にころがっていて住民が反対していたように思われた。自国の威光を大切にしてプライドを示すことが最高のもてなしだから，威光が最もよく表れる景観にすることが望ましい。それなのにホテルやレストランや土産物店を建ててワットの威光を汚したらどうなるか。「客は歓ぶだろうか！」といったら，夫人は「もちろんノーよ！」といわれた。これで決まった。カンボジアが採用する遺跡エンジニアリングの考えのひとつはワットの周辺に人工物は一切建てずに神聖な景観を保つことになった。

⑶　大臣会議の設置

モリヴァンは採用する項目を幾つか決めていた。先ずは最高国民文化評議会(SCNC：Supreme Council on National Culture，遺跡エンジニアリングの発想で，カンボジアに提案し採用されたもの。筆者の造語）の設置であった。これは13人の大臣で構成される会議である。設立目的はアンコール遺跡の保存活用をアプサラ機構の総裁や文化芸術省の大臣に押し付けないで大臣がみんなで支援することである。委員長は首相が務め副委員長兼議長はモリヴァンが担当する。メンバーは運輸公共事業大臣，大蔵大臣，文化芸術大臣，外務大臣，観光大臣，環境保全大臣，計画大臣，開発評議会委員長，シェムリアップ州知事，閣僚評議会委員長である。これはアプサラ機構も管理監督下に置く。委員の任期は3年で会議は2カ月に1回開かれる[14]。

(4)　茅葺の民家

アンコール地域一帯はどのように保存したらいいのだろう。これを決めることが3つ目の仕事であった。一帯はアンコール大平原の上にある。そこには苔むした古い遺跡があり周囲は村落が囲んでいるから茅葺の民家が多い。そして緑豊かな太い蔓が遺跡にグルグル巻きついている。1995年5月16日ユネスコに提出された資料によれば一帯に村落が90もある。そこには村民が6万人住んでいてひとつの村は平均700人，一家当たり平均5人家族である。問題は民家をどうするかである。日本人は椰子の葉で覆われた民家を観ると素朴な美を感じる。でもカンボジア人は違う。貧乏と思うようだ。現に1994年だったと思うが，フン・セン首相はアンコール・ワットから見える民家を取り壊し，住民をテクセン村に強制的に移住させた。世界遺産に登録された場合「恥ずかしいから！」であった。これはカンボジアの都市住民を代表する感覚である。これに反対していた筆者はモリヴァンに猛烈に苦言を呈して自分の審美観を強調した。モリヴァンは筆者の考えを容れて一帯を遺跡，森林，民家の共生地帯にするといってくれた。

(5)　タテ割り行政の廃止

遺跡エンジニアリングが最も注目していたことはアプサラ機構の採用である。これはユネスコも支援してくれたタテ割り行政の廃止である。アプサラ機構の正式名称は「アンコール地域遺跡保護管理機構」で，文化芸術省との業務の棲み分けは1996年1月25日に制定された新しい文化財保護法の第5条に定められている。アプサラ機構はシェムリアップ州全域を担当し文化芸術省はそれ以外の州を担当する。これの設立は世界遺産への登録の5条件のひとつになっている。5条件とは，①新しい文化財保護法の制定，②新しい遺跡保護機関の設立，③恒久的な遺跡保護地域の設定，④開発の緩衝地帯の設定，⑤国際協力調整の仕組みづくり，である。これらが3年以内に実施されるまでアンコール地域は仮登録されることになった。アプサラ機構に新設された組織にはアンコール遺跡警察（1997年10月8日発足）がある。これによって従来ルーズであった軍隊や近隣諸国の窃盗団による盗難の取り締まりが厳しくなった。アプサラ機構の発足で問題が全て解決されたわけではない。観光省との棲み分けは大いに揉めたが結局はシェムリアップ州とアンコール地域の観光はアプサラ機構が独占することになった。シェムリアップ市との衝突もあった。アプサラ機構は環濠に満々と水を湛えるために川から水を供給した。しかし，市は住民の飲料水を確保したいので意見が衝突したが話し合いで妥協が成立した。

(6)　環境マネジメント

5つ目は，アプサラ機構が世界で初めてISO14001という国際認証を取得してアンコール歴史考古公園（以下，アンコール公園）に適用したことである。これは地球環境が深刻になった1992年，ブラジルで行われた地球サミットで提起され，96年9月に制定された国際的な環境マネジメントシステムである。趣旨はアンコール公園から出たゴミは域内で処理し，他に影響を及ぼさないという宣言である。先進国も含めて各国の世界遺産保護の担当官の中には，「ISO14001ってなんだ？」という人が多い中にあって，アプサラ機構は上智大学調査団の助言を容れて3年の準備の後2006年3月17日に取得したことは幾ら評価してもし過ぎることは無い。

おわりに

物を書くのは億劫である。余程書きたいテーマがあるときか，気分が高ぶったときでないと筆を執る気にはなれない。このたび筆を持ったのにはそれなりの理由があった。先ず日本の近代化を再確認してみたことである。それによって総理大臣から国民にいたるまで国が一丸となって近代化に取り組んできたことが分かった。それから見たらカンボジアの近代化はシハヌーク国王が牽引し，これを国連や諸外国が支えてきた。最後にカンボジアの近代化を推進した要因を5つあげよう。先ずは完全独立の達成に捧げた国王の執念の深さがある。次は4派による20年余りの紛争の解決には外国や国際社会の協力を頼りにせず，自らの発想で進めてきたこと。3つ目は国の象徴で国民の誇りであるアンコール・ワットを国の復旧復興のシンボルに据えて活動を推進したこと。4つ目は国連安全保障理事会のP5に匹敵する権限を持って活動した「拡大P5」の誕生がある。これは今川幸雄大使のドラマチックな介入が無ければ誕生しなかったが，当事者の今川氏以外は触れていないので紹介した。5つ目は遺跡活用の方法論である遺跡エンジニアリングの「カンボジアへの適用」である。モリヴァンは寝食を忘れて方法論を吸収し適用された。カンボジアの近代化の背景にはこのような熱っぽい事情があることを忘れることは出来ない。（文中，今川幸雄以外は敬称略）

【注】

1）明治の年号には慣れがあるので「日本の近代化」に限り明治年号を記す。

2）編著者注：使節団の派遣策は大隈重信の発議によるものであったが，大久保利通（大蔵卿，副使）は「薩長派の政権固め」のために岩倉具視（右大臣，大使）や木戸孝允（参議，副使）を誘い，使節団を50名に膨張させた。使節団派遣の目的は国際親善をはかり，条約改正の条件づくりのために西洋文明を調査することであったが，ワシントンD.C.駐在の少弁務使森有礼が条約改正交渉を提案し，使節団の大使・副使一同がこれに応じた。詳細は，毛利（1987）を参照されたい。

3）「四捨五入」のような慣用句以外は全てアラビア数字を記す。

4）今川（2002），67頁。

5）今川（2002），73頁。

6）今川（2002），76頁。

7）今川（2000），63頁。

8）今川（2000），124-128頁。

9）今川（2000），144頁。

10）今川（2000），145-146頁。

11）遠藤（2001），31-79頁。

12）遠藤（2001），53-64頁。

13）語源はギリシャ語で出産を促す。別名幸ホルモン。分泌されると人との絆を深めたいと思い，幼児や子犬・子猫の仕草を見て可愛いと思う。犬は人との関係で分泌し，人に尽くしたい，人からほめられたいと思うという。

14）*ANGKOR -a manual for the Past. Present and Future*, Royal Government of Cambodia, Second Revised Edition, Appendix II Legal Texts, March 1998.

【引用・参考文献】

今川幸雄（2000）『カンボジアと日本』連合出版。
今川幸雄（2002）『ベトナムと日本』連合出版。
遠藤宣雄（2001）『遺跡エンジニアリングの方法』鹿島出版会。
久米邦武編・田中彰校注（1985）『特命全権大使　米欧回覧実記　（一）～（五）』岩波書店。
新渡戸稲造著・矢内原忠雄訳（1938）「人名索引および注」『武士道』岩波書店。
毛利敏彦（1987）『明治大正政変』中公新書。

コラムⅡ

クメール染織の美とクロマー

遠藤宣雄

1．染織の帝王ピダン

カンボジアの染織については田中滋「カンボジアの染織文化における歴史的背景」[1)]に詳しい。そこで重複は避けてここではピダンとクロマーに絞って述べる。

カンボジアの染織の白眉は何といってもピダン（Pidan）である[2)]。クメール語でピダンには天井という意味がある通り天井との関係が深い。功徳を施す意味で，カンボジア人は昔からお盆，結婚式，仏教儀式などにはお寺にピダンを奉納してきた。寺院はそれを本殿の天井に貼って飾った。この慣習は近隣諸国でも行われているのだろうか。タイの寺院では天井に立派な絵が描かれている。これは天井画と言われていてラオスでもミャンマーでも同じである。だからピダンを寺院の天井に飾るのはカンボジアの伝統のようだ。ピダンの形は正方形か長方形である。図柄にはお釈迦様，宮殿，天女アプサラ，象，白馬など多種であり多様である。

ピダンは染織の技能，図柄の多様さなどからいってクメール染織の帝王である。ではこれの伝承はどうなっているのだろう。調べたら日本のNPO[3)]が人材養成を行って後継者を育成しているので安心した。

写真１　ピダン

2．意味を調べるほど暇ではない！

ピダンの他にカンボジアには特異な布がある。これは国民の誰もが使っている。普及品は赤白か黒白の格子縞の木綿，高級品は赤や青の模様の絹である。初めてカンボジアを訪問した1989年3月，もう30年以上前になるがアンコール・ワットを見て偉く感動した。しかし感動はそれだけではなかった。プノンペンの市場で特産品のクロマーを買って，使い勝手がいいことにも感動した。何故だろうと思ったが理由は簡単で寸法の問題であった。手ぬぐいは頭に巻くには丁度いい。典型はすし屋や魚屋のご主人の捩じり鉢巻きで粋である。が，難をいえば少し短い。その点クロマーの長さは腰に巻いて飾りを外に出せるから丁度いい長さである。これを着用すると精神的に安心感が得られる。クロマーの木綿物の使い道は広い。日除けに頭に巻かれるし子どもは池に浮かべた小舟の帆にする。母は首から下げて赤子を抱くし，絹物は娘さんが首や腰に巻いておしゃれをする。こうして30以上の使い道があるクロマーは万能布ともいわれている。その中でもクロマーのクロマーたる所以はキチンと着用すれば服装全体が「正装」になることである。上半身裸でも野良着でも，クロマーを左肩から斜めに掛けて右の脇の下まで回して止めるのだ。プノンペンのモニボン通りに面した安ホテルに泊まった時のこと，直ぐ裏手にあるドーム型の屋根の中央市場で緑と白の格子縞の木綿のクロマーを買った。1米ドル紙幣を出しながら「クロマーってどういう意味？」と聞いたら「布の名前よ！」といって本当の意味を教えてくれなかった。滞在中に誰かに聞こうと思ってその場を離れたが，うっかりして誰にも聞かずに帰国した。翌年11月，国立芸術大学の考古学部で一学年30人に遺跡エンジニアリングの講義を行うために再度訪れた。その時学生に聞いたが誰も知らなかった。「なぜ，調べないの？」と聞いたら手元の辞書を見せて「意味は，書かれていないんです！」といった。確かに意味は書かれていなかった。

生活用品は学生より庶民の方が知っている場合があるので，宿泊していた政府施設のカウンターの婦人に尋ねた。彼女は素敵なクメールの微笑みを浮かべながら「生活で忙しいんです！」「分かるでしょう，意味を調べるほど珍しい布じゃないの！」といった。クロマーの意味など庶民にとってはどうでもいいようで拍子抜けしてしまった。数年経って古都シェムリアップ市に行った。市場で三軒の店から一枚ずつ買ってきて寸法を測ったら幅も長さもまちまちであった。「日本の手ぬぐいと同じだな！」と思った。

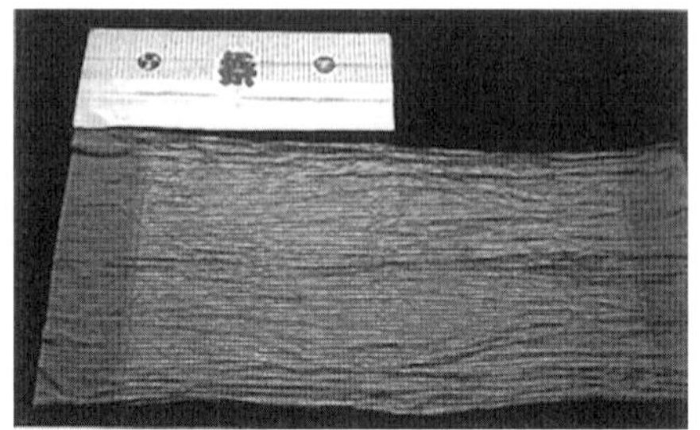

写真2　手ぬぐいとクロマー

まだ寸法の話をしていなかったが，手元にあるクロマーは幅 0.8 メートル長さ 1.6 メートル。手ぬぐいは幅 0.35 メートル長さ 0.95 メートルでクロマーの方が 4 倍以上も大きかった。手ぬぐいは奈良時代以前からあり，当時は貴重品で神殿や仏像の清掃など専ら神事にのみ使われていたようだ。戦国時代に兜が流行り，武士は兜の下に着用した。本格的に普及したのは木綿が安くなった江戸時代で，豪商や関取や歌舞伎役者が粋を凝らして柄物を作って江戸の町を彩った。

3．布の４つのステータス

布には 4 つのステータスがあると聞いて調べたら確かにその通りであった。我が愛するクロマーは最下位でその上は白い布，さらに上は僧侶が着るオレンジ色の袈裟，その上はお釈迦様しか着ない黄金の袈裟であった。ある日アンコール・ワットに行った時のこと，ラテライトの周壁があったので正面入り口から入ってすぐ南に 7, 8 メートル行ったらヴィシュヌ神の 8 メートルもある立像があった。左肩には立派な黄金の袈裟が掛けられていたのでどういう意味かを文化芸術省の幹部に聞いた。彼は「信心深い金持ちが，精霊の王（タ・リエ）かお釈迦様とみなして寄贈したのだろう」といっていた。庶民の考えは自由で屈託がなくていいなと思った。

ステータスが低いクロマーでも使い方によっては存在感を発揮する。2 つの例を挙げよう。ひとつは先に触れた「正装」の証になることだ。下に普段着を着ていてもクロマーをキチンと左肩に着用するとお寺に行ってお坊さんに面会することが出来る。キチンと着用するとは写真が示す通りである。2 つ目はボッカタオである。ボッカタオとはカンボジアの古武道である。上半身裸で下

写真３　普段着にクロマーをキチンと着用して正装した５人

写真４　白いクロマーを着た婦人

は半ズボンの選手が頭と腰にクロマーを巻いて競技する。地上に輪を描きその中で押したり倒したりする。問題は相手のクロマーを掴んではいけないことだ。反則負けになる。クロマーは大相撲のチョンマゲに似ている。布のステータスを見てきたが使い古しはどうなるのか。黄金の布，オレンジ色の袈裟，白い布は火にもやされて灰になる。クロマーはどうか。布巾や雑巾にされる。棚，窓，壁，床などのほこりを拭いきれいにしてからもやされ灰になって一生を終えるいとおしい布である。

４．クロマーの歌二題

クロマーは歌に詠み込まれている。2つ挙げよう。次の歌の題は分からない。

夫：あ，鶏が鳴いた。もう起きよーと。クマオちゃん（黒の意味で良い意味である）ご飯つくってね。薪を取ってくるから。あ，弁当もつくってよ。雨季だから田を耕さないと。

妻：お弁当，お水，タバコ，用意しました。クロマーにはデザートのトロベックを包みました（ミカン位の大きさで果肉は白い。甘いが小さな固い種が多い)。私の心はいつも貴方のお側です。

夫：クマオちゃん，帰りは遅くなるから夕飯は待たなくてもいいんだよ。

妻：あら，なにをおっしゃるんですか。日が沈まないうちに帰ってきて下さい，タニシのサラダを作りますから。

(情報提供・仮訳：チュエン・ブテ上智大学アジア人材養成研究センターの現地職員)

次はTVにも出ているコメディアンのプロム・マインで作詞家，作曲家，歌手である。題は『正しく使おう』。

1番：クロマーは木綿の糸で作られている。丸くなるし，広がるし，形は自由自在になる。生活には欠かせない布なのに，使い方を知らない人がいるので教えよう。物を包んだり運んだりできるし，物の覆いにもなる。農夫は頭に巻いて日よけにする。寒いときは首に巻くとベールになる。

2番：母は首から下げて乳飲み子を抱く。木と木に縛ればハンモックになる。娘は頭に巻いて物を載せる時のクッションにする。腰に巻けばおしゃれになる。水浴びした後は体を拭くし，暑い時は扇子にして風を送る。使えば使うほど柔らかくなって体に馴染み仲の良い友達になる。

(情報提供・仮訳：ニム・ソティーヴン上智大学アジア文化研究所客員所員)

子どもはこれらの歌からクロマーに親しみを持って使い方を覚えるであろう。そう思ったが初めに「使い方を知らない人がいるので教えよう」とあるところからいうと大人も対象に入っているようだ。

5．彫刻の中のクロマー

「クロマーは，必ず遺跡の浮彫りに刻まれている筈だ！」そう思ったのは使い道が広く社会的存在感が大きいからである。もし筆者が国王であればこう思うだろう。

「市民は熱心な仏教信者である。正月やお盆には必ず正装して寺院に行って拝礼する。特にお盆は菩提寺に下りて来る祖先や死者の霊を迎え一緒に家に帰ってくる。しかし時代が進んで寺院の周りに団地が出来たり林や池が無く

写真５　バイヨン外回廊のクロマー着用の婦人（中央）

なったりして，景色が大幅に変わる場合がある。だから霊が帰るべき菩提寺を見失ったり迷子になったりするかもしれない。そのように心配する老婆は霊を探してお寺を七つも八つも訪ねまわる。こういう慣習を彫刻に遺さなければ，古き良き伝統は次世代に伝わらない。だから必ず浮彫りにして未来永劫に伝えよう」と。

上の説には筆者の覚悟というか信念が含まれている。それは「必ず浮彫りにある筈だ」という箇所である。もしなければ寺院の彫刻は画竜点睛を欠く。そういって憚らない程社会におけるクロマーの存在を吟味した積りである。刻むとすればアンコール・ワットかバイヨンだ。ワットは王様が主役だから，今更庶民の入りこむ余地はない。そこで庶民が大切に扱われているバイヨン寺院にしようということになった。

誰に頼んで探して貰おうか。「クロマーの歌二題」で登場したブテが現地に詳しいから適任だ。2010 年 2 月，ブテは 4 日掛けて何千何百もの彫刻から目視で探し当ててくれた。6 月に行ったら確かにあった。外回廊の西面の南端から南面の西端に掛けて刻まれていた。ブテはなぜ分かったのだろう。子どもの時手伝いで何度も行ったからだ。彼にとってバイヨンの彫刻は造形美術ではなくて生きた生活の場面だった。

6．意味はペルシャ語の腰

30 年間に，クロマーの意味を尋ねた人は市民，商売人，製作者，研究者，学生を含めて少なく見積もっても 1,000 人いや 2,000 人は下らないだろう。でも誰一人として知らなかった。そこで，これには何か理由があるに違いないと考えたが，思い出したのは昔エンジニアリングという単語を知った時のことだ。意味は工学や技術というだけで情報が少ないのでそれ以上は分からなかった。理由は外来語だったからだ。クロマーも外来語かもしれない。そう思って何とかしてくれることを期待して王立芸術大学考古学部の教え子で賢いLに「何か，ヒントを探して欲しい」と頼んだ。Lは母校の図書館で後輩の卒業論文の中から探してくれた。「卒論」に着目したことがLの賢いところであった。電話がきた。「言葉はペルシャ語から来たようです」「14世紀に来たインド人やペルシャ人の貿易商人が使っていた」，とあります。しめた。すぐ所属していた上智大学アジア文化研究所のインド文化論が専門のV教授に尋ねた。教授は「ヒンドゥー語とウルドゥー語にクマーバンド（cummerbund）という単語がある。インド北部では男性が腰に巻いている」と教えてくれた。次はペルシャ語である。同じ研究所のK教授に相談した。教授はインドで使われているペルシャ語辞典を見て「カマルバンド（kamar-band）という言葉がある，カマルは腰，バンドはベルト」と指摘された。こうしてクロマーはペルシャ語の腰の意味だと分かった。これが分かっただけでも1989年から探し続けた甲斐があった。カマル（kamar）のスペルはクロマー（krama, kroma）と同じではないが限りなく似ている。そこで仮説としてクロマーはペルシャ語の腰としておいて，ここで突っ走る自分の手綱を引いた。自分には思い込む欠点があるからだ。布は古人の創造物だから長年民族や地域間を往来した。だから「腰」以外にも似た意味があるかもしれないから決定的なことは言えない。どこまでもクロマーのひとつの意味が「腰」だと分かったにすぎない。そう思いながら打っていたパソコンをシャットダウンした。

注

1）出典：田中滋（2013）「1. カンボジアの染織文化における歴史的背景」NPO法人織の海道実行委員会『織の海道 vol.5　アジアへ，カンボジア―クメール染織の美』。
2）NPO法人織の海道実行委員会，前掲書，43頁。
3）「NPO法人幼い難民を考える会」。

第2章

カンボジアの近代化
──東西陣営の谷間にあるカンボジアの立場──

今川幸雄

1．カンボジアの内政──シハヌーク殿下の指導体制の確立──

第二次世界大戦後，フランスの束縛を脱して独立したインドシナ三国のうち，ベトナムおよびラオスが，分裂，対立および内戦の危機に遭遇して世界の耳目を集めているにもかかわらず，カンボジアは，対内的には王制社会主義，対外的には中立政策を採用して，東西陣営のひとつの接触地点である多難なインドシナにおいて，独立，統一および治安を維持しながら，平和な国造りを進めている。この国造りの指導者は，「独立の父」として国民の信望を集める元国王で，現国家主席と与党民社同盟の総裁を兼ねるノロドム・シハヌーク（Norodom Sihanouk）殿下である。カンボジアの政治問題を考察する場合，シハヌーク殿下の思想，発言，行動などに注意することは，最も重要である。

(1) 独立の指導

一世紀に近いフランス植民主義の統治下に，被保護国になっていたカンボジアでは，ベトナムとは異なり，第二次大戦末期までは，全体として独立運動は，きわめて低調で，民族主義運動と称しうる勢力は，殆ど，現れなかった。第二次大戦末期からの急進民族主義運動も不統一のため成功せず，シハヌーク殿下の王位在中における指導下に行われた，交渉による穏健な独立運動が成功するに至った。

シハヌーク殿下は，1922年に生まれ，サイゴンで教育を受け，1941年4月即位した。1945年，日本軍による「仏印処理」進駐の4日後に当たる3月13日，シハヌーク王はカンボジアの独立を宣言し，徹底的な反仏主義者として著名なソン・ゴク・タン（Son Ngoc Thanh）を首班とする内閣を成立させた（編著者注：ソン・ゴク・タンは，ベトナム南部のチャヴィン（Travinh）に残存しているクメール人の子孫である父親と中国系ベトナム人の母親との間に生まれたので，氏名もベトナム風であるが，本人は，クメール人であることを信じて疑わず，フランスからのカンボジア独立を目指す政治家であった。サイゴンや南仏で法律学を勉強したこともある）。しかし，日本の降伏により，9月には英仏連合軍の進駐が行われ，フランスの勢力は再びカンボジアに舞い戻り，ソン・ゴク・タンは逮捕されて，フランスで監禁され，シハヌーク王の下に別の政府が成立した。新政府は，国王の同意を得て，1947年1月，フランスとの暫定協定（*modus vivendi*）に調印し，3月には，カンボジアをフランス連合内のインドシナ連邦に編入するとの暫定協定が成立した。国王は，民選議会設立のため,5月には選挙法を交付し,9月，総選挙が行われて民主党が圧勝した。

国王は，この議会に，カンボジアをフランス連合（*Union Francaise*）内の立憲君主国とする憲法草案を提出し，1945年5月，憲法発布を行った。憲法の規定に基づく総選挙が12月に施行されたが，再び民主党の大勝に終わり，フランスとの関係に批判的な民主党の牛耳る議会は，しばしば，政府と衝突し，内閣はいずれも短命に終わって，政情は安定しなかった。しかし，国王は既定方針どおりに対仏交渉を進め，1947年11月には，フランス連合に参加の用意があるとの書簡をオリオール・フランス大統領に送り，1948年1月，同大統領から返簡を受け，1949年9月に議会を解散して，11月9日，王の伯父であるシソワット・モニヴォン殿下をカンボジア代表として，フランスとの間に，「フランスはカンボジアを独立国として認め，カンボジアは協同国（Etat associe）の資格において，フランス連合に参加することを確認する」条約に調印させた。ここに，カンボジアは，フランス連合の枠内における限定独立を達成することができた。

限定独立後の新総選挙は，1951年9月に行われたが，またまた民主党が大勝した。やがて，国王の仲介により，ソン・ゴク・タンがフランスから釈放され，10月帰国した。帰国後のソン・ゴク・タンは，独立運動方針につき，国王と対立し，新聞を主宰して，フランス軍の撤退を叫び，親仏的な国王に反対する論陣を張ったが，1952 年，地下に潜って，闘争を非合法活動に切り替えた。国王は，政敵ソン・ゴク・タンが民主党の支持を得ていたため，1952 年 6 月，突然，民主党のフィ・カンテル内閣を瓦解させ，「3 年間は国王に全権を与える」ことを議会に要求して，受け入れられた（シハヌーク国王の平和的クーデター）。国王は，自ら首相，外相，文相を兼ねる親政内閣を組織したが，民主党系議員が絶対多数を占める議会と鋭く対立したため，1953 年 1 月，国民議会（下院）および王国議会（上院）を解散して，暫定的な諮問会議を創設した。

国政の全権を握った国王に取り，最大の課題は，治安の回復および独立の強化であったが，両者は表裏の関係にあり，反国王分子の活動が，フランスからの完全独立を標榜しているところから，結局，独立の強化こそが，最も緊要な課題であった。国王は，1953 年 2 月，独立強化のため，フランスに赴いたが，交渉に失敗し，4 月，米国に渡ってからは，対仏態度を著しく硬化したため，フランスは非常に驚き，5 月には，軍事，司法，財政の一部を改定する新協定の調印が行われた。国王は，フランスの一層の譲歩を求めて，6 月には，バンコクに政治亡命を行ったが，戦後，復活したピブーン下のタイ政府の協力が得られなかったため，再び，祖国に戻って，バッタンバンおよびシェムリアップにとどまり，フランスが全面的にカンボジアの要求を入れるまでは首都プノンペンに引き返さず，独立闘争を続けるとの宣言を行い，強硬な態度を示した。対仏強硬態度は，功を奏し，8 月には，司法権および警察権，10 月には，軍事権の移管協定に調印が行われ，11 月 8 日，国王は，市民の歓呼に迎えられて，帰京した[1)]。

プノンペンに帰った国王は，残る分野の移管交渉の指導を地道に続け，1954 年 1 月，交通問題の権限移譲が，2 月には，技術的な一部行政問題の移管および「カンボジアの経済，金融，関税および財政独立のフランスによる承認」並びに「カンボジアの条約，協定及び通商取極め締結の自由のフランスによる承認」が行われ，3 月 10 日に至り，遂に，全面的に，主権を獲得して，国際社会で自主外交を進めうることになり，完全独立を達成した[2)]。

⑵　民社同盟の結成

念願の完全独立を成し遂げたシハヌーク国王は，1955年2月，「国王は独立達成の使命を果たしたか」との課題の下に国民投票を行い，89万票（99.8%）の賛成票を獲得した。これは，4月に予定されていた総選挙における国王派の勝利を約束するものと思われたが，国王は大事をとって，2月10日，緊急事態宣言を発動して，総選挙を有利にするため選挙法の改正を行い，立候補に居住制限を加えようとした。この制限は，反政府分子を締め出すものとして，ジュネーブ停戦協定により設置された国際停戦監視委員会（Comimissian Internationale de Surveillence et de Contorole du Cessez-le-feu）から，ジュネーブ協定に違反するとの警告を受けたため（国際停戦監視委員会は，同年初頭にも，カンボジア・米国間直接軍事援助協定締結交渉はジュネーブ協定に違反するとして横槍を入れたことがある），シハヌーク王は，フランスの束縛を脱したカンボジアに対し，フランスに代わる小姑的存在になった委員会の干渉に激昂し3月2日，王位を父スラマリット殿下に譲って，退位してしまった[3)]。

王位を退いたシハヌーク殿下は，4月2日，従来の諸派を解体し，その一部を吸収して，実質的にはひとつの政党ではあるが，大同団結の民族共同体「人民社会主義共同体」（サンクム・リアッ・ニヨム）を結成し，自ら総裁に就任した。国王の退位を理由に延期され，9月に施行された総選挙では，民社同盟が83%の得票で，国民議会の全議席を独占した。

シハヌーク殿下の政治指導体制は，1955年9月の総選挙における民社同盟の圧勝で確立したと見ることができる。ここまでに至るシハヌーク殿下には，ソン・ゴク・タンの率いる「自由カンボジア運動」（非合法運動）および民主党（合法政党），ならびにソン・ゴク・ミンの率いる左翼の「カンボジア反抗団体」の反対勢力が存在したが，「自由カンボジア運動」（クメール・セレイ）は，完全独立の達成により，その闘争目標を失い，一部はバンコクに亡命した。民主党は，総選挙により，議席を全部失い，再起困難になった。「カンボジア反抗団体」は，ジュネーブ停戦協定により，武装解除され，一部は人民党に衣替えすることになった。前国王，現国王の王子としての崇敬と，自ら独立運動に挺身して，完全独立を達成したという業績により，政治指導体制を確立したシハヌーク殿下は，高貴な出生，または，「独立の父」という過去の業績のみならず，民社同盟の結成後は，政策の内容をもって人心を把握し，指導を続けなければならなかった。このため，標榜された民社同盟の政治理論が，王制社会主義である。

2．米国との関係

(1) 米国の対カンボジア政策

米国のカンボジアに対する政策は，東南アジアにおける共産主義の侵略を阻止しようとする基本的な点では一貫しており，タイまたは南ベトナムに対する政策と異なるものではない。しかし，カンボジアが中立政策を採用し，共産圏諸国に積極的な接近を進めているため，米国の政策は，表面的には，カンボジアの中立に対する評価に従って変わっている。

概して，アイゼンハワー大統領の共和党政権下では，カンボジアが自由陣営に与するような工作を行ったが，かえって，カンボジアの不信をつのらせ，ますます，共産陣営接近に追いやる結果を見たため，ケネディ大統領の民主党政権下では，カンボジア共産化阻止のためには，中立もやむを得ずとし，むしろ，真の中立を支援するとの態度をとっている。

米国は，1951年12月，相互安全保障法（MSA）による対カンボジア軍事援助を約束し[4]，1955年5月，対カンボジア直接軍事協定を結んだ[5]。したがって，カンボジア王国軍（ケメリャ・プーミン）は，米国の武器弾薬で装備され，プノンペンには，米国軍事援助顧問団（MAAG）が存在した。

米国の対カンボジア軍事援助は，共産主義侵略に対抗するには，余りにも微力であったが，カンボジアが共産主義に柔軟な態度を示し，自由陣営に属するタイおよび南ベトナムと鋭く対立した後も，援助が続けられたことは，カンボジアの国防上必要とする装備を与えて，政治的安定を図る目的のほか，共産圏からの対カンボジア軍事援助進出を防ぐことに意義があったと思われる。

米国は，カンボジアに対して，年間，2,000万ドル以上の経済援助を供与し，その額は，諸外国からの対カンボジア援助総額の約85%に当たっていた。米国経済援助の約46%は，カンボジア王国軍将兵の給与など，いわゆる，防衛支持援助であったが，経済援助全体の目的は，カンボジアが経済自立のため必要とする資金を各分野に充当し，貧困に乗じて，共産主義が浸透することを防ごうとするもので，単なる軍事目的ではなかった。

カンボジアの経済建設，政治安定が，まだ外国からの援助を必要とする以上，その85％を提供する米国援助が，カンボジアの共産圏への接近，自由圏との関係悪化により大幅に削減され，または，停止されることは，カンボジアにとって，致命的で，中立維持も，民社同盟の政治体制維持も，不可能になってしまうと考えられた。

米国の対カンボジア政策の最終的な手段としての，米国側からの経済，軍事援助の大幅削減，または，停止は，いわば，抜かずに真価を発揮する伝家の宝刀とも言うべきであって，米国の忍耐がカンボジア共産化防止の重要な鍵になっていた。

⑵　カンボジア・米国間関係推移の概要

完全独立達成当時のカンボジアは，米国と極めて友好的な関係にあり，米国の軍事保障を求めることに熱心であった。1954年のジュネーブ会議において，米国代表スミス国務次官は，カンボジアに同情的であったが，ワシントンは，カンボジアに明瞭な保障の約束を与えることを躊躇した。

米国は，1954年9月に成立した「東南アジア条約機構」(SEATO)（「東南アジア条約機構」については，阿曽村邦昭編著『タイの近代化―その成果と問題点―』28頁を参照されたい。同書における，今川幸雄執筆の第2章2節）において，初めて熱心に集団防衛の“保護の傘”(Protective umbrella) をカンボジアに拡張しようとし，1955年2月，ダレス国務長官はシハヌーク殿下と会談して，SEATOがカンボジアにおける共産主義防御に有効であることを強調したが，時すでに遅く，カンボジアは，中立への第一歩を踏み出していた。シハヌーク殿下は，1956年2月，フィリピンから帰国の際，SEATO不加入の声明を発表し，続いて，北京では，SEATOの“保護の傘”の下に置かれることも拒否すると言明した。SEATOをめぐるカンボジアと米国の確執は，両国関係を非常に気まずいものにし，米国がカンボジアにSEATO加入強制の圧力を加えた，加えないとの非難，反駁の応酬が繰り返された。

1956年における，カンボジアの対共産圏接近，集団防衛機構不協力は，カンボジアに経済，軍事援助を与える米国の国民感情を刺激し，ほとんどあからさまな敵対関係に近い，困難な関係がケネディ政権成立まで続いた。

1958 年 7 月のカンボジアによる中共承認は米国を深く失望させ，米国の経済援助再検討が伝えられた。カンボジアは，1951 年 1 月および 2 月の反逆事件（サム・サリおよびダップ・チュオン）を，背後で米国が策動した陰謀であるとして，盛んに米国に対する非難を行った。

1960年3月，カンボジアが米国の傀儡であると見る南ベトナムのゴ・ディン・ジエム政権が行った，カンボジア沿岸島嶼の領土要求は，カンボジアの反米感情を一段と高め，米国との対立は，5 月に，シハヌーク殿下が発表した「帝国主義者への公開状」においてピークに達した。

1961 年 1 月に成立したケネディ大統領の米国新政権は，ラオス問題解決において，カンボジアの希望するプーマ中立政府擁立に動き，中立尊重の動きを示したため，行き詰まっていたカンボジア・米国関係は，徐々に好転した。中共を第 1 の友邦とするカンボジアと，自由諸国の中心である米国とは，対外政策上の相違が開きすぎ，真の友好関係には程遠いが，1961 年から 1962 年にかけて，米国軍事援助団長シェラー代将による「カンボジアにベトコン基地が存在しない」との言明，マンスフィールド上院議員のカンボジアに好意的な報告書などの影響もあり，カンボジアの米国に対する感情は良好になって行くかと見られた。

しかし，1963 年には，中共の対カンボジア政治的接近が一段と盛んになり，10 月以降，シハヌーク殿下は，「自由カンボジア」の反政府活動が，タイ，南ベトナムおよび米国の支援により再燃したとして，痛烈に，自由陣営を非難しているため，米国との関係は，再び，困難になってきている。

3．フランスとの関係

⑴　フランスの対カンボジア政策

ヨーロッパ列強のアジア進出に遅れをとったフランスが，ようやく獲得したインドシナに対する執着は極めて強く，20 世紀後半のアジアにおける民族主義勃興の歴史的必然の潮流に抗し得ず，カンボジア，ベトナム，ラオスに独立を許与したものの，その態度は踏切が悪かった。フランスのカンボジアに対する植民主義的執着は，現在までも，その尾を引いている。

フランスの80余年に及ぶカンボジア支配は，徹底した，「よらしむべし，知らしむべからず」の政策で，産業および教育は停滞した。

カンボジアの完全独立後，フランスは，政治的には，勿論，経済的にも，ゴム園の所有を除いては一切の特権および権益を失ったが，フランスの文化，言語，教育は，カンボジア人の心をつかみ，フランスに対するカンボジア人の憧憬及び依頼心は強い。フランスのインドシナ植民政策は，結果において，ベトナムでは失敗したが，カンボジアでは成功したということができる（編著者注：ポル・ポトの勢力が失墜した後のカンボジアでは，以上の状況は様変わりしたようである。編著者は，ポル・ポト後のカンボジアを何度か訪問したが，フランス語も通じなくなっているし，英語の方が特に，青年層の間では，よく通ずるのだ。各省のラテン語風の表示も，フランス語一辺倒ではなく，英語の表示もあって，その割合は半々であった。繁華街の商店のほとんどは，華僑か，あるいは，華僑の子孫ではないかと思われる中国系の人々によって行われていた。これに加えて，新規の中国人商店経営者もいるのであろう）。

かって，アジアにおけるフランス帝国主義の基本は，一にも，二にも，フランスの国家的栄光，すなわち，文化，名声，特権および勢力誇示の実現であったといわれるが[6)]，今日のフランスの対カンボジア政策も，自由陣営の中にありながら，独自の立場を打ち出し，米国の共産主義浸透防止の政策に，必ずしも，同調していない。

1963年10月，シハヌーク殿下は，ル・モンド紙に寄稿して，「フランスの統治権放棄以来，1953年のカンボジア人には想像し得なかったPresence de Franceが，カンボジアに実現した」となし，独立後10年間に，フランス居留民は3,500人から5,500人に増加し，フランス人経営のゴム園は40％拡大したこと，カンボジア王国軍はフランス人教官に訓練され，フランス風制服を採用していること，多数のフランス人専門家が各行政部門に雇われていること，教育制度はフランス式で，1953年には90人であったフランス人教師が1963年には326人に増加していること，アンコール遺跡の保存をフランス極東学院にまかせていること，ならびに，フランス語新聞のカンボジアにおける普及について述べ，「フランスは，わが中立政策の平和への貢献を認める絶対に唯一の西側陣営の国である。」とフランスを賞賛した[7]。

(2) カンボジア・フランス間関係推移の概要

カンボジアは，完全独立の1956年1月の憲法改正で，正式にフランス連合を脱し，フランスと対等の主権国になった。フランスは，対等となったカンボジアに，海港及び空港の建設，教育，軍隊の訓練などの援助を行い，カンボジアは，民族主義が行きすぎないよう，フランスの文化，言語を尊重し，両国関係は友好的に進展した。

カンボジア・フランス間友好関係を決定的にした契機は，1962年，シハヌーク殿下が提案した「カンボジアの中立および領土保全の保障」のための国際会議案および国際文書案に対し，米，英，カナダなどの自由主義諸国がこぞって難色を示したにもかかわらず，ド・ゴール・フランス大統領が好意的な態度および支持を与え，シハヌーク殿下を非常に感激させたことである。

4．中共との関係

(1) 中共の対カンボジア政策

中共の対カンボジア政策は，国際共産主義運動の一環としての政策と，中共の国家的利益のための地理的政策とが，不可分に結合している。

国際共産主義運動の一環としての対カンボジア政策は，コミンフォルムの東南アジア政策が打ち出された1948年2月の世界民主青年連盟・国際学生連盟共催「自由と独立獲得闘争のための東南アジア青年学生カルカッタ会議」において，中共政権成立前の中共代表が発言したとおり[8]，東南アジアの人民解放闘争は中国の革命勢力が指導するとの使命感に満ちたものであった。人民解放闘争指導の方針は，中共がソ連の非スターリン化にも追随せず，帝国主義および修正主義との妥協には絶対応じないとの態度を堅持している限り，バンドン会議のアジア諸国との平和共存がうたわれている今日でも，中共の対カンボジア政策の基本として，不変の方針と見られる。しかし，カンボジアにおける，民族政権樹立を確認するまでは，地方単位の勝利→共産主義政権樹立→全国的規模への拡大と言う毛沢東戦術をそのまま遂行する強硬路線が打ち出され，フランス連合を脱したカンボジアに真の民族政権が樹立されたと見た1956年からは，社会制度の異なる国との平和共存の，いわば，柔軟路線が中共自体によって打ち出された[9)][10)]。したがって，かつて，クメール反抗団体を支持して，王国政府に敵対した中共は，基本政策は変えないが，戦術を転換して，「米帝国主義」に屈服せず，「国民党反動派」と提携しない限り，カンボジア王国政府を支持して，友好関係を促進し，カンボジアと「米帝国主義に隷属する」タイおよび南ベトナムとの対立抗争では，カンボジアの闘争を「正義の闘争」と見なして，全面的支持を与え，対隣国関係を巧みに利用して引き入れようとして，中共の陣営に引き入れようとしている。これは，米国の対カンボジア政策と真正面から衝突するところである。

中共の国家的利益のための地理的政策は，第1に，シハヌーク殿下のカンボジア，ラオス中立地帯結成案に南ベトナムを加えた中立地帯設置に努め，「米帝国主義」の南からの脅威を緩和するとともに，タイ・フィリピンを結ぶSEATOの軍事線を切断する。第2に，国境は接していないが，中共の安全に重大な脅威となる米軍基地の設置を阻止する。第3に，工業製品輸出，農産物輸入の市場を確保する。第4に，カンボジア在留50万人の華僑を中共に引き付け，華僑の権益を擁護する。第5に，朝鮮出兵，チベット解放，中印国境紛争などにより，中共に対して恐怖心を抱くアジアの諸国に向かい，社会制度の異なる国との平和共存のモデルを展示するため，カンボジアを中共対外政策のショーウィンドウにすることである[11)]。

(2)　カンボジア・中共間関係推移の概要

中共は，完全独立を遂げたカンボジアを，「米帝国主義の手先であるフランス」の植民勢力が払拭されていないと見て，まだ，真の民族政権が支配していない国としていた。1954年，ジュネーブ会議における中共代表は，ベトミンと共同して，カンボジア王国政府に敵対するクメール反抗団体を支持し，1955年，バンドン会議において，周恩来中共首相はシハヌーク殿下と初めて面会し，友好的に話し合ったが，中共の対カンボジア不信および警戒は緩和されず，周恩来は，帰国後の演説中で，米国との軍事協定を締結したカンボジアに対する非難を行った。

中共が，カンボジアにおける民族政権樹立を確認し，友好関係促進に乗り出したのは，1956 年以降である。

1956 年 2 月，SEATO 加入拒否の宣言をしたシハヌーク殿下は，その 1 週間後に，初めて，中共訪問を行い，毛沢東，周恩来，陳毅らの要人と会談し，平和 5 原則に基づく友好関係促進の共同宣言を発表し，経済援助の約束を得た。続いて，カンボジアから中共に代表団が派遣され，総額 8 億リエル（800 万ポンド）の無償・無条件経済援助協定に調印が行われ，11 月には，周恩来が，初めて，カンボジアを訪問した。

中国共産党との友好関係に反比例して，自由陣営に属するタイ，南ベトナムとの関係は，悪化し，1958 年 6 月，南ベトナム軍のストゥントレン州侵入事件は，カンボジアを深刻に憂慮させたところ，陳毅中共外相は，対カンボジア全面支持の声明を発表して，カンボジア官民に勇気を与えた。陳毅声明に感動したシハヌーク殿下は，既に，中共が台湾を除く中国全土を有効に統治しているとの判断を下し，7 月 17 日，突如，カンボジアによる中共承認を発表した。

シハヌーク殿下は，中共承認の約 1 カ月後，再び，中共を訪問し，10 月には米国に渡って，中共・米国間“橋渡し”を試み，また，中共の国連加盟を強調した。シハヌーク殿下の第 2 次中共訪問後の両国関係は，一層の緊密化を示し，南ベトナムおよびタイとの関係は更に一段と悪化したが，1960 年 3 月，南ベトナムによるカンボジア沿岸島嶼の領土要求は，国王崩御の直後でもあったため，カンボジア全土に一種悲壮な危機感がみなぎった。その時，周恩来の再来訪の噂が伝えられ，5 月初旬，周恩来は，陳毅と共に来訪した。周恩来の第 2 次カンボジア訪問では，特に，新政策は発表されなかったが，後日，シハヌーク殿下の発表によれば，陳毅は，「武器が必要なときは，いつでも，供与する。200 万や 300 万の銃は，供与できる」と約束したとのことである。中共から，武器援助の約束を得たカンボジアは，隣国およびその背後にあると信ずる米国に対し強気な態度をとり，「6 億 5,000 万中国人民の後ろ盾」の語を盛んに用いた。1960 年には，中共援助による紡績，製紙，合板の工場が次々に完成した。12 月，シハヌーク殿下は，第 3 次中共訪問を行い，12 月 9 日，北京において，「カンボジア・中共間友好および相互不可侵条約」署名がなされ，「経済援助に関する議定書』（約5億リエル），「経済援助に関する付属議定書」（4億リエル）が調印されて，経済援助が大幅に増額され，航海協力協定の調印により，カンボジア・中共間合弁会社設立の合意がなされた。

1962年8月，タイ軍がコンポントム州に侵入した際，陳毅は，再び，カンボジア支持の声明を発表して，シハヌーク殿下から非常に感謝された。カンボジアの中立および領土保全のための国際会議案及び国際文書案に対し，中共は，全面的支持を与えた。

1963年2月，シハヌーク殿下は，第4次中共訪問を行い，5月には，劉少奇中共国家主席のカンボジア訪問が行われ，両国間関係は，更に緊密化への一途を辿り，シハヌーク殿下は，あらゆる機会に，中共を，"第一の友邦"（ami no.1）と称賛した。

【注】

1）Vandenbosch, Amry & Richard Butwell (1958), *Southeast Asia Among the World Powers*, University of Kentucky Press, pp. 136–137；Rose, Saul (1959), *Socialism in Southern Asia*, Oxford University Press, pp. 186–188.

2）Norodom, Sihanouk (1959), *L'action pour L'indepennance au Cambodge*, Phnom-penh, pp. 80–82.

3）Fifield, Russell H. (1958), *The diplomacy of Southeast Asia*, Harper & Brothers, pp. 368–369.

4）Exchange of note-verbals between the American Legation in Cambodia and the Cambodian Ministry of Foreign Affairs, dated at Phnom-Penh on December 18 and 28, 1951.

5）Exchange of notes between American Ambassador Robert McClintock and Cambodian Minister for Foreign Affairs Leng Ngeth, dated at Phnom-Penh on May 16, 1955.

6）Cody, John F. (1954), *The Roots of French Imperialism in Eastern Asia*, Cornell University Press, p. 294.

7）Norodom, Sihanouk "Le Cambodge et la France" Le monde (Paris) le 8 Oct. 1963.

8）Brimel, *op.cit.*, p. 259.

9）中共の対外政策が強硬路線一点張りではないことは，1949年9月の政治協商会議共同綱領に早くも現れている。

10）周恩来（1958）「訪問亜州和欧州十一国的報告」『人民手冊』大公報社。

11）Royal Institute of International Affairs (1958), *Collective defence in South East Asia*, Oxford University Press. 原文の編著者としては中共の対東南アジア政策のモチーヴとし，⑴中国の影響拡大の衝動，⑵共産主義思想浸透の使命，⑶この地域の米及び原料の確保，⑷中共の安全保障を挙げている（p. 56）。

コラムⅢ

シハヌーク国王とカンボジアの近代化

高橋宏明

シハヌーク国王がカンボジア現代史の主役の一人であることは，疑いようのない事実である。1941 年に即位し，1953 年 11 月にフランスから独立して以降，常に国家建設の中心を担い，国内政治の中枢に位置したからである。1970 年 3 月のクーデターによって国家元首を解任された後も，ロン・ノル時代の内戦（1970～1975 年），ポル・ポト政権期（1975～1979 年），1980 年代のベトナムが支援するヘン・サムリン政権との内戦の時期（1979～1991 年），そして国連のよる暫定統治期（1992～1993 年）を経て 1993 年 9 月に新生カンボジア王国が誕生するまで，シハヌークの動向は常にカンボジア政治を左右してきた。

20 世紀後半のカンボジアは激動の時代を経験したが，政治，社会，教育などの分野における制度的な整備の側面から「近代化」を論じるとすれば，1950 年代から 1960 年代にかけての時代が「カンボジアの近代化」が進展した時期となるだろう。シハヌーク国王がフランスから独立を勝ち取り，国民統合を進めて，国民国家の建設を推進していた時代こそ，政治体制，社会システム，教育分野などの「近代的制度」が整えられていったからである。シハヌーク国王の在位期間は，1941～1955 年と 1993～2004 年の 2 回に分かれるが，「国王」の座を退位し「殿下」として活動した 1955～1969 年の時期こそが，カンボジアの「近代化」が成された時期ということになる。

ここでは，シハヌーク国王が政治の表舞台に登場する 1940 年代後半の政治動向を概観した後，特に 1950 年代後半～1960 年代後半の「人民社会主義共同体（サンクム・リアッ・ニヨム：略称サンクム）」時代の動員活動や国民意識の形成を中心に論じる。すなわち，産業分野における工業化，学校教育制度の整備，保健衛生分野の拡充などにおける「近代化」とは別に，大衆動員組織の設立などを通じて国民統合や国民意識の形成を促したという側面の「近代化」を考察する。現代カンボジアにおけるシハヌークの政治的役割と存在意義を問い直すための一視点を提供したい。

シハヌークは，1922 年にノロドム王の子息スラマリット王子とシソワット王の息女コサマクの間に生まれ，1941 年のシソワット・モニヴォン王崩御の後，19 歳で国王に即位した。1940 年代前半のシハヌークは，フランス理事長官の指導の下で従順な国王に留まっていたといえる。1940 年代初頭，カンボジア人知識人の中に，「クメール人」としてのアイデンティティに目覚め，仏教研究所を中心に民族主義運動の機運が高まっていた。そうした一人であるソン・ゴク・タンにスラマリット殿下は支援していたが，当時のシハヌークはまだ若く，政治に覚醒していなかったとみられる。

しかし，日本軍の南部仏印進駐に伴うカンボジアへの直接的な関与は，シハヌーク国王のその後の行動を大きく変えることになった。第二次世界大戦後は，フランスからの脱植民地化を目指して，独立運動の先頭に立った。1946 年以降，シハヌーク国王はフランスとの交渉を積極的に進めようとしたが，フランスは一部の自治権しか認めなかった。1949 年 11 月にカンボジアはフランス連合枠内における限定的な独立を承認されたものの，司法権，警察権，軍事権などがフランスに残されたために，真の独立を得るには至らなかった。

こうしたことから，国内の政治勢力の間ではシハヌーク国王に対する不満が募り，タイ国境近くおよびベトナムと接する地域でベトミン系ゲリラや反共勢力による反政府活動が活発化し，国内情勢が混沌とした。シハヌークは 1953 年 2 月に「合法クーデター」を起こして全権を掌握すると，フランスとの直接交渉に乗り出し，フランス，米国，カナダを訪れ，メディアに訴えかけ，独立を求めた。こうした行動は，国王自身が諸外国に独立を訴える行脚に出たことから「国王の独立のための十字軍（La Croisade Royale pour L' independance)」と呼ばれ，その結果，1953 年 11 月 9 日に完全独立を達成した。カンボジア現代政治の主役に躍り出たといえる。

シハヌーク国王は，1955 年 2 月に国民投票を実施して，「国王は独立達成の使命を果たしたか」を問い，99.8％の支持を得ると，本格的な政治体制の構築に取り掛かった。同年 3 月にシアヌーク国王は，王位を父スラマリット殿下に譲り退位したが，4 月には国民統合を目指して国家建設を遂行する新組織として「人民社会主義共同体（サンクム・リアッ・ニヨム）」(以下，サンクムと略)」を結成し，自ら総裁に就任した。サンクムは，国家体制の支柱としてカンボジアの伝統である王制と仏教を護持する組織とされ，経済的には社会主義的な計画経済システムの導入を掲げた。サンクムは，政治活動を推進する「政党」ではなく，シハヌーク殿下による大衆運動を展開するために創設されたが，実質的には政治組織として機能することになった。

1957年9月にシハヌークは，「クメール王国社会主義青年同盟（la Jeunesse Socialiste Royale Khmère)」（略称ユヴァチョン）を設立して若い世代の動員組織を整備し，独立，愛国心，団結心などの涵養を目指した。1960年代初頭には，445,040人の若者が加盟するようになり，そのうち97,071人を女性が占めていた。ユヴァチョンは中央組織・地方支部を整え，シハヌーク殿下の訪問地では若者の動員組織としての役割を果たすことになった。こうして，1950年代後半以降，シハヌークは国民統合を推進していく中で，大衆動員を積極的に図るようになっていく。

1960年4月にスラマリット国王が崩御すると，シハヌーク殿下は国王の座を空位とし，憲法を一部改正して自ら国家元首に就任してサンクム総裁も兼務した。シハヌークは権力の一元化を図ると同時に，国民統合を推進する政治装置としてサンクムを本格的に利用し始めたといえる。そして，大衆動員の舞台は，大衆接見や国民大会のような集会のみならず，学校や病院，保健センターなどの開所式等の式典が盛んに利用されるようになったのである。

1950年代後半から1960年代後半にかけて，シハヌークは海外からの援助を得ながら，学校教育施設や保健衛生分野のインフラを整えていった。例えば，独立直後の1955年には，全国に小学校は2,731校（生徒数311,000人）だったが，1968年には5,857校（同1,025,000人）と2倍以上に増えた。中等教育学校は全国に12校（生徒数5,300人）だったが，1968年には180校（同117,000人）に激増した。技術学校は5校（同334人）から99校（同7,400人）に増加した。高等教育機関に至っては，1955年には単科大学（Facultés）が2校（同347人）しか存在しなかったが，1968年には全国に9校（同10,800人）の総合大学（Universités）が設立されていた。フランス統治期には進まなかった学校教育の整備が，独立後の10数年間で急激に拡充した様子がうかがえる。

学校の建設費用の大半は海外からの援助で賄われていたが，1950年代後半以降に全国各地に新しい校舎が次々に建造されていった。学校の校舎や病院施設の落成式には，必ずサンクムのメンバーと近隣の住民が動員され，シハヌーク殿下の列席の下で式典が挙行された。動員される機会や式典への参加が増えるにしたがって，人びとは一体感を覚えたと考えられる。当時，サンクムの構成員は「サハーチブン（同志)」と呼ばれ，サンクムへの帰属を通じて徐々に「仲間意識」が育まれていった。「クメール人」としての意識を確認にしていったことであろう。ここで，「クメール人とは何者か，カンボジアという国家のアイデンティティは何か」という問題が立ち現れてくる。

シハヌークは，国内政策の基本方針として「王制社会主義（あるいは仏教社会主義)」を提唱した。仏教的慈悲の思想と社会主義イデオロギーは矛盾する関係ではなく，またアンコール時代の王制にも両者の観念は共通してみられた，と主張した。王制，仏教，社会主義，民主主義を融合した政治イデオロギーとしての「王制社会主義」を，新興国家カンボジアの政治体制に採用したのである。そして，国家建設のモデルには古代アンコール王朝のジャヤヴァルマン7世時代の社会を理想とした。13世紀にアンコール王朝が全盛期を迎え，東南アジア大陸部全域に勢力を広げた時期を，シハヌークはカンボジアの「大アンコール王国」時代と呼び，ジャヤヴァルマン7世時代に統治の規範を求めたのである。ジャヤヴァルマン7世は，大乗仏教を信奉し，王として慈悲深さを備えており，社会主義的な施策を行った王であるとした。

さらに，シハヌークは，自身がアンコール王朝の末裔という血筋を強調した。それは同時に，クメール人としての民族主義の発露でもあった。19世紀のカンボジアは，タイとベトナムという強国に挟撃され，王朝国家としての存続が危ぶまれていた。そうした時期にフランスの保護国化が開始されたことによって，両国からの政治的影響下から脱することができた。同時に，フランスの研究によって古代アンコール王朝の解明やアンコール遺跡の保存修復が進展し，その過程でクメール人のアイデンティティの端緒が開かれることになった。シハヌークによる「クメール・ナショナリズム」とは，アンコール王朝全盛時代を理想化することで，カンボジアの国民統合の実現を目指したことであったといえよう。

一方で，シハヌークは，カンボジアという国家をしばしば家族にたとえた。シハヌークは人びとを「子どもたち（コーン・チャウ)」と呼び，人びとは国家元首としてのシハヌークを「父なる国王（サムダッチ・アウ)」と称えた。ここには「親と子」の親密な関係性が表されているようにみえる。しかし，現実の「父」は常に支配者であり，「子ども」は「父」の方針に従わなければならなかった。王族であるシハヌークは国の統治者であり，「子ども」が「父」に逆らうことは認められなかった。シハヌークが人びととの距離を縮めているように見えても，実際には「支配者」と「被支配者」の関係を超えることは許されなかった。

シハヌークの人びとに対する姿勢や態度は，政治の世界でより明確に示されていた。自分に敵対する政党や政治思想を異にする者への攻撃や批判は容赦なかった。シハヌークは，サンクムの結成後，1955 年 9 月の第 3 回総選挙に大勝利を収めると，対立する政治勢力を懐柔して内部に取り込むか，あるいは弾圧・排除していった。1957 年 7 月にシハヌークは，民主党（クロム・プロチアティパタイ）を事実上の解党に追い込み，民主党員をサンクムに取り込んだ。人民党（プロチアチョン）の関係者の多くは地下活動に入り，ソン・ゴク・ミンは行方不明となったが，シハヌークの秘密警察による暗殺が噂されていた。こうして，1950 年代後半には，複数政党制による民主主義的な政治の機会が失われていき，国民の政治的自由も制限されるようになった。以後，1970 年まで，カンボジアの政治世界では，シハヌークに対して表立って政治的異議を申し立てることが難しくなっていったのである。

シハヌーク時代の 17 年間は，ベトナム戦争の影響を国境地帯の一部に限定的に留め，「平和の島（コ・サンテピアップ）」と呼ばれて，表面的には安定を維持していた。その間，サンクムへの動員や集団労働奉仕などを通じて国民統合を進め，人びとの「民族意識」を徐々に高めていった。また，独立後の高等教育制度の急速な整備は，大量のエリート予備軍を形成することになった。彼らは，シハヌークの唱えたカンボジアの自主独立路線を信奉し，サンクムへの奉仕活動に参加して，カンボジア「国民」としての意識をもち始めていた。しかし一方でシハヌークは，こうした新興エリートたちの要望を汲み取ることに疎く，縁故主義的な古い政治の世界から脱却することができなかった。

1960 年代半ばになると，シハヌークの政治運営に対する不満が，都市部の若者たちの間に蔓延していった。当時の政府機関には，フランス植民地時代以来の保守的な王党派一族が官僚としての地位を占め，自らの既得権益を守るために王制を支持していた。高級官僚一族による官職の独占は汚職に結びついたが，シハヌークはこうした腐敗と不正を積極的に排除することができなかった。その結果，1960 年代後半には都市部のインテリ層や学生たちの反発を招くことになるのであった。特に，独立以後の教育政策によって高学歴を得た若いインテリ層の間で，シハヌーク批判の声が上がるようになった。高等教育を受けても，卒業後に彼らを吸収する雇用の場がなかったからである。行政機関には，公務員が溢れており，大卒者であっても特別なコネがなければ，役人になる道も閉ざされてしまっていた。

このように，学校教育制度の拡充と高等教育機関の急速な整備が，逆に雇用問題の深刻化を生み出すという負の結果を招いていた。教育機会の拡大によって恩恵を得ることができるようになった若者たちが，皮肉にも，不安定な社会状況を増幅させていったのである。同時に，隣国ベトナムの戦争の激化も若者たちの不安を助長させる要因となった。なかには，共産主義思想に共感し，クメール・ルージュの活動に加わる者もいた。シハヌークの意図を超えたところで，若者の意識は政治化していった。

1965年5月，シハヌークは米国と国交を断絶した。米国によるタイと南ベトナムへの支援が，反シハヌーク勢力を伸張させていると非難し，その結果，カンボジア国内を不安定にしていると訴えた。兵隊の給与は，主として米国からの経済援助によってまかなわれていたために，国交断絶によって軍人の給与遅配や待遇低下を招くことになってしまった。カンボジア国軍の装備は貧弱になり，地方に駐屯する軍の部隊はますます困窮していくと同時に，軍内部にシハヌークに対する不満が蓄積されていった。

1970年3月18日，アメリカ寄りの右派ロン・ノル将軍によって，海外で静養中のシアヌークは国家元首を解任された。右派の政権取得はベトナム戦争のカンボジア領内への拡大をまねく結果となり，カンボジアは戦乱に巻き込まれていった。一方，モスクワ滞在中にクーデター発生を知らされたシハヌークは，中国訪問中に北京で周恩来の説得を受けて，共産勢力クメール・ルージュと手を結ぶことを承諾した。3月23日には，「カンプチア民族統一戦線」（以下，FUNK）を結成し，ロン・ノル政権の打倒を宣言して北京からカンボジア国内の人びとに反ロン・ノル闘争に参加するように呼びかけた。こうして，ロン・ノル政府軍とFUNKの間に内戦が勃発したのである。以後，内戦は5年間続き，終結後には民主カンプチア政権が成立してポル・ポト時代の悲劇へと至ることになる。

1950年代後半～60年代後半のカンボジアとは，シハヌークによって「国民統合」の推進と「国民国家」の建設が模索された時代だった。隣国ベトナムにおける戦乱と距離をおきつつ，平和を維持しながら新生独立国家を運営していくことが，カンボジアの政治指導者には求められていた。国家元首としてのシハヌークは，「上からの国民国家」建設を目指す必要性に迫られていたのである。

当時，カンボジアの人びとは，サンクム体制への参加・動員の過程で，王制社会主義（あるいは仏教社会主義）による国家建設の方向性を認めてはいた。

1960年代を振り返る人の中には，シハヌーク殿下が人びとと共に労働奉仕に従事する姿勢に触れて，新興国家の建設を実感したという意見も多い。シハヌークが人びとの先頭にたって鍬をふるう姿は，強烈な記憶として残っている。

一方，若い世代は近代学校教育制度の恩恵を受けるにしたがって，科学的な知見や西欧の学知をも受容していった。それが,「近代的自我」の覚醒に繋がったと言えるか否かは，検証の余地がある。しかし，近代的教育制度の下で学んだ若者たちは，大衆運動への参加や動員を通じて，自律的な意識を持ち始めていたことは間違いないであろう。おとなしかったシハヌークの「子どもたち（コーン・チャウ）」は，もはや素直に動員に従う「臣民（プロチア・リアッ）」ではなかった。少なくとも都市部の若者は，自立を模索する「国民（プロチア・ポルロアット）」に変わろうとしていた。

1960年代後半でシハヌークによる国民統合は挫折し，クーデターによって国民国家の建設は未完のまま終わった。クーデターの原因は，もちろん一つだけではないだろう。縁故主義的な政治に対する不満，経済的失政，財政危機の招来，雇用不足，ベトナム戦争拡大への社会不安など，いくつもの要因が，複合的に絡み合っていた。しかし，クーデターの結果，元国王という統治の正当性をもつ指導者による「上からの国民国家」建設の契機が失われてしまった。

1980年代の内戦を経て，1991年10月23日のパリ和平協定締結後，シハヌーク殿下は11月14日に12年ぶりにプノンペンに帰還し，ヘン・サムリン政権によって王宮に迎え入れられた。国連カンボジア暫定統治機構（UNTAC）による選挙の後，1993年9月24日に新生「カンボジア王国」が成立すると，シハヌーク殿下は国王の座に復帰した。1955年に退位してから実に38年ぶり，二度目の王位についたのである。

しかし，シハヌークが政治権力の中枢に戻ることは叶わなかったといえる。1960年代の自身の全盛期に政治の場として利用していた「チャムカーモン宮殿」は，既に人民党本部に取って代わられ，シハヌークの元に二度と移譲されることはなかった。国王としての地位を人民党に保証されはしたものの，実質的な政治「権力」を掌握することはなかったと言っていいだろう。内戦を戦い抜く過程で権力基盤を整えた人民党政権は，国際社会による開発援助や経済支援を利用して国内復興を遂げつつ，国土の実効支配と中央・地方行政機構の仕組みを強固にしていた。1970年代～1980年代年の内戦期を経て，カンボジアの政治権力構造は大きく変わってしまったのである。

シハヌーク国王は，2012年10月15日に療養中の北京で崩御された。90歳の誕生日である10月30日を前にしての逝去であるが，波乱万丈な一生であった。シハヌークは，1940年代後半～1950年代前半の独立運動の過程において権力行使の方法を修得し，1950年代後半以降のサンクム時代に大衆動員組織の形成と活動を通じて独裁的な手法を確立した。その過程で，カンボジアの人びとに「近代的な意識」を覚醒させる契機をもたらした。同時に，1930年代後半～1940年代初頭に一部のエリート層から芽生えたクメール人としての民族意識を，1960年代に拡大させる「きっかけ」を作ったと思われる。その意味では，シハヌークはカンボジアの近代化を推進した立役者であった。

シハヌークが進めたカンボジア社会の「近代化」は内戦とポル・ポト時代によって破壊されてしまった。1980年代の内戦期を経て，1990年代以降も人民党による政権運営が継続していく過程において，フン・セン首相への権力の集中と独占が進み，現在に至っている。特に，2010年代以降のフン・セン首相の権威主義的な政権運営は，サンクム時代のシハヌークの独裁的な政治手法を真似ているかのようにも見える。1950年代後半から1960年代にかけて，シハヌークという強力なリーダーシップを備えた一人の指導者が行使した政治手法は，半世紀を経て，フン・セン首相に引き継がれた「遺産」と言えるのかもしれない。

【引用・参考文献】

今川幸雄（2003）『カンボジアと日本』連合出版。
高橋保（1972）『カンボジア現代政治の分析』日本国際問題研究所。
チャンドラー，デービッド・P／山田寛訳（1994）『ポル・ポト伝』めこん。
オズボーン，ミルトン／小倉貞男訳(1998)『シハヌーク―悲劇のカンボジア現代史―』岩波書店。
Chandler, David P. (1992), *The Tragedy of Cambodian History*, New Haven, CT: Yale.
Edwards, Penny (2007), *Cambodge: The Cultivation of a Nation, 1860–1945*, Honolulu: University of Hawai'i Press.
Cabinet du Norodom Sihanouk (1994), *PHOTOS-SOUVENIRS DU CAMBODGE: SANGKUM REASTR NIYUM-EDUCATION*, Phnom Penh.
Ministère de l'Information (1962), *CAMBODGE*, Phnom Penh.
Strangio, Sebastian (2014), *Hun Sen's Cambodia*, Silkworm Books.

第 3 章

カンボジアの近代化と社会変容

稲田十一

はじめに

「近代化」のとらえ方には様々な解釈があり，よく知られた議論だけでも，経済的な観点から近代化をとらえる「経済発展段階論」(W. W. Rostou 等)，民主社会への過程ととらえる「政治発展論」(S. Huntington 等)，またその地域独自の社会発展に着目する「内発的発展論」(鶴見和子等）など，様々な見方がある。

カンボジアは 1993 年に UNTAC（国連カンボジア暫定統治機構）のもとで選挙を実施して以来，新たな国づくりを進めて，人々の生活も大きな変化を経験してきた。この変化のプロセスをグローバル化の中での新たな「近代化」のプロセスととらえることができる。ただし，カンボジアの「近代化」はもう少し長い時間軸でとらえる必要があろう。

本章では，カンボジアのこれまでの歴史を踏まえながら，近代化のプロセスや近年の国際化・グローバル化の進展の中でカンボジアが伝統的社会からどのように変化してきたかについて，近年実施した現地調査などをもとに，経済・社会・政治のそれぞれの変化とその相互関係について，あらためて中長期的な視野から再解釈してみようと思う。

1．カンボジアの近代化の歴史的位置づけ

「近代化」は論者によって様々な意味づけがなされる概念であるが，開発論においては一般的に「前近代」の社会から産業化，資本主義化，民主化などの

面での「近代社会」への移行のプロセスととらえられることが多い。これはある意味で西洋的な「近代化」の解釈であるとも言えるが，カンボジアもこれまでの長い歴史の中で重層的な「近代化」の努力を行ってきており，大きな社会的変化を経験してきた。

カンボジアは，アンコール・ワットに象徴されるクメール王朝の長い歴史を持ち，フランス植民地化およびそれに続く王国としての独立後の近代化の努力，1970年代のポル・ポト派による大虐殺に象徴される政治的混乱とヘン・サムリン社会主義政権の樹立，そして1992年以降の新しい国づくりと近年の国際化の進展の中で，その社会は大きく変化してきた。大きくとらえると，次のような4つの段階を経ていると見ることができよう。

(1)　クメール王朝以来の伝統的社会制度

植民地化される以前のカンボジア社会を「伝統的社会」とみることができる。一般的に伝統的社会は農村の村落共同体にその姿を残している。カンボジアにおいて8世紀から13世紀頃に存在したアンコール王朝では，伝統的共同体は王国に組み込まれ，ある種の社会階級も存在し，氏族間の相続争いや，土着文化や精神的価値にもとづく判断や決定，世襲的身分などを有し，統治体系はヨーロッパの市民社会とは明らかに異なるものの，「国家」や「社会」としての形態を備えていたとされる。

カンボジア社会において家族の結びつきの重みを指摘する論者は多い。例えば，カンボジアの伝統的社会を現地調査にもとづいて分析したハンナ・グラーンは「信頼は主に血族にもとづいており，最も親密な関係による小さなグループに限定されている」(Grahn 2006) としており，またNGOとしてカンボジアに長く関わったジェニー・ピアソンは「地方では家族がすべての社会的組織の原型であり，人は個人である以上に家族の一員である」としている (Pearson 2011)。また，カンボジア研究者である天川直子は，クメール社会は階層的な社会，すなわち「パトロン・クライアント関係という主従関係によって上下方向に連鎖的に形成されている社会」であると指摘している（天川 2004)。派閥主義・縁故主義はカンボジアの伝統的政治風土といわれるゆえんである。

⑵　フランス植民地化による近代化の移植

フランスによる植民地化は，カンボジアにある種の近代的制度を持ち込むものであり，第二次世界大戦後の王国としての独立と国づくりも，その延長上で国家としての近代化を進めるものであった。いわば「上からの（西洋的）近代化」の時代ともいえよう。

カンボジアがフランスの植民地に組み込まれていくのは19世紀半ばである。当時のカンボジアの王ノロドムがタイ・ベトナムからの侵略を回避するためフランスに保護を要請し，1863年にフランスとカンボジア王との間で保護条約が結ばれた。また，1887年にはフランスは仏領インドシナ連邦をつくった。フランスによる植民地体制はインドシナの伝統社会に資本主義経済システムと国家としての政治体制を導入することになった。

カンボジアの伝統的な文化様式は近代資本主義化の中で変容を強いられた。例えば，大規模農園で働く労働者を生み出すために村の伝統や身分制から人々を引き離す必要があったし，植民地行政を担うエリートを養成する必要もあった。他方で伝統的首長を行政の末端組織の長に任命することで，人々の反発を防止・抑制することも行われた。また，フランスに保護国化される以前，土地はすべて国王の土地とされていたが，フランス支配下では，フランス民法にもとづき私的所有権制度が導入され，1953年の独立後も同じ制度が引き継がれた。

⑶　独立後の上からの近代国家建設と混乱

カンボジアが主権国家として独立を達成したのは1953年であり，シハヌーク国王のもとで国家としての統一性を回復した。

独立後，カンボジアの国家エリートの中には，国家建設と経済開発のため農民を近代化しようとする動きがあった一方で，伝統的な村落共同体の首長や宗教権威と妥協し，土着の氏族・血族や政治勢力の結束を重視して国家を運営しようとする動きもあった。伝統と近代化の狭間で，近代化から取り残される多くの農民が存在する一方，共産主義勢力や親米的なエリート（特に軍人エリート）集団など，様々な集団が新たな政治集団としてカンボジアの伝統的国王・貴族（王党）の社会勢力以外に形成されていった。

ベトナム戦争の時期にカンボジアにおいても軍事政権の樹立とクーデターが

くりかえされ政治が不安定化し，そうした状況下で共産主義勢力が台頭し，結果的に原始共産制と農村改革を掲げたポル・ポト派が台頭し，1975−78年のポル・ポト政権下でそれまでのカンボジアの社会制度の多くが破壊されることになる。

1978年12月にベトナムの軍事的介入があり，その後の内戦がカンボジアの社会に与えた影響については，例えば「信頼が社会における失われた要素となった」(UNICEF 1996),「家族や宗教意識など伝統的な社会的価値が体系的に掘り崩されてきた」(Pellini 2005) といった指摘がなされている。すなわち，内戦によって他者への信頼が欠如するようになったとの指摘であり，「血族的ネットワークを基礎とする古いスタイルのコミュニティは分裂と崩壊を経験した」のである (Pearson 2011)。ポル・ポト政権による支配とその後の内戦がどのような変化を地域社会にもたらし人々がその変化にいかに対処してきたのかについては，コンポントム州の村でのフィールドワークをもとにした小林知の業績もある (小林 2011)。

(4)　グローバル化の波の中での市民社会形成に向けた変化

内戦をへて1991年にパリ和平協定が締結され，カンボジアは新たな国づくりの時代にはいった。国連暫定統治を経た1993年以降のカンボジアの経済発展と安定化は顕著であり，今やカンボジアは紛争後という段階はすぎ，持続的な開発段階に入っている。

パリ和平協定が締結された1991年から今日までのカンボジアの歴史をみると，次第に政治的安定を達成し，国際社会とのつながりの中で着実な経済発展をしてきた。カンボジアのGDP成長率の推移をみると，1994年以降着実な経済発展を遂げ，特に1999年以降2007年までは平均して年率10%程度の成長を達成してきた。2008年夏以降の国際金融危機後GDP成長率は鈍化したが，2010年には回復しその後も年率7%前後の成長率を達成している。農業生産の安定な伸び，縫製業の拡大，アンコール・ワットに代表される観光業の伸びなどが寄与している。

また，一人当たりGDPの推移をみると，1998年までは年300ドル前後で停滞し世界の最貧国のひとつであり続けたが，ASEANに加盟した1999年以降は，着実な発展を遂げてきた。2015年には世界銀行の分類による，「低所得国」から「低位中所得国」の水準を超え，2021年時点で1,654米ドルである（名目ベース，World Economic Outlook Database）。

2．カンボジアの都市と農村の比較分析

(1) 都市近郊と農村でのアンケート調査

カンボジア社会の中の伝統と近代性が，都市近郊と農村とではどのように異なるのか（あるいは共通しているのか）について具体的にとらえる試みとして，2011年にカンボジアの典型的な農村と都市近郊のコミュニティにおいて統計的に有為な規模でのアンケート調査を実施し，2016年にそのフォローアップ調査を実施した。この調査の目的は，カンボジアの社会関係資本の変化とその実態をアンケート調査結果から抽出できないかということであり，そのために，現地調査対象として都市近郊と農村の2カ所を選んだ（稲田 2017, pp. 19-54）。

表3-1　2つの調査対象村の生活状況関連データの比較

州／村の名前	プレイベーン／バ･バオン（農村地域）	シェムリアップ／ワット・ダムナック（都市近郊地域）
家屋の所有	持家100%（2%は親戚所有）	持家76%，借家24%
職業	農業81%，自営業9%	農業1%，自営業52%，民間企業従事14%
教育	小学校未卒業65%，高卒以上5%	小学校未卒業45%，高卒以上11%
居住年数	11年以上95%，10年以下5%	11年以上69%，10年以下31%
水アクセス	井戸93%，雨水7%	井戸67%，水道27%，飲み水購入7%
下水	自家処理100%	自家処理28%，回収処理72%
市民的参加	葬式77%，自警団3%，漁業組合5%	自警団81%，葬式9%，人権組織2%
移動手段	モータータクシー38%，バイク37%	モータータクシー18%，バイク66%
携帯電話等普及率	69%（テレビ72%）	93%（テレビ91%）
平均年収	1780ドル	3060ドル
平均世帯人数	5人，2世代居住61%	5人，2世代居住55%

（注）アンケート調査回答より筆者作成。2011年12月時点の数値。

母集団として抽出したのは，都市近郊地域としてはアンコール・ワットがあるシェムリアップ近郊のコミューンのひとつのワット・ダムナック村（Wat Damnak）であり，農村地域としてはプノンペンから南東部に行ったコミューンのひとつのバ・バオン村（Ba Baong）を選択した。「コミューン」とはカンボジアの地方行政区の末端組織のひとつでこの下にさらにいくつかの村がある。

この2つのコミューンの村は，人口密度はほぼ同等であり規模もだいたい同等である（ワット・ダムナック—764世帯，バ・バオン—576世帯）。この中からそれぞれ200サンプルを場所にもとづいてランダム・サンプリングしアンケート調査を実施した（2011年11−12月実施）。また，2016年9月には農村の同じコミューン（バ・バオン）で，フォローアップ調査として，その後の変化を中心に追加的な質的ヒアリング調査を実施した。

表3-1は，2つの調査対象コミューンの村の状況に関連する基礎データを比較した一覧表であり，ここからわかるように都市部と農村部の生活状況はかなり対照的である。

(2)　家族・親族への依存度・信頼度の高さ

そこで実施したアンケート調査の回答をまとめたのが図3-1である。「生活上のリスクや災害のリスクが生じた際に頼る相手として誰に頼るか」「誰をどの程度信頼しているか」を4段階で回答してもらいそれをウェイト付けして集計した結果である。

アンケート調査にもとづくと，人々が彼らの生計あるいは生活を維持する上で困難に直面した時，カンボジアの社会支援システムはいまだ全く非公式なネットワークに依存しており，とりわけ家族のメンバーと親戚に頼っている。病気やけが，失業，低収入，自然災害のような生活上の様々なリスクに直面した場合，ほとんどの回答者は主に家族メンバーと親戚に頼ると答えている。家族・親族にする依存度の高さと村・政府関連機関（軍や政党はもとより村評議会・警察・宗教組織・近隣コミュニティも）への信頼度の低さが顕著である。また，職場仲間・雇用者・市民団体といった近代社会的な主体に対する信頼度が低いのは，未だそうした「市民社会」が未成熟であることを示しているように思われる。

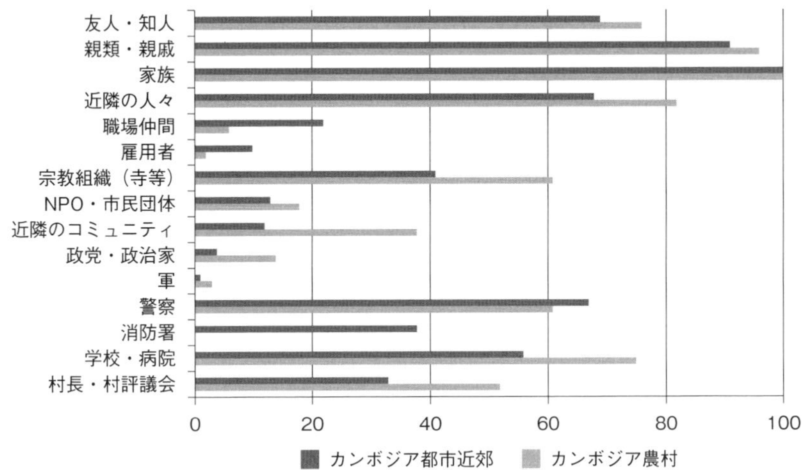

（注）アンケート調査回答より筆者作成。

図 3-1　カンボジア住民の各主体に対する信頼度

農村と都市の両方において，人々が（家族・親族以外の）他者に対してきわめて低い信頼しか示していないことは，内戦，特にポル・ポト期に，それまでの近代化過程の中で形成されてきた様々な社会制度が崩壊したことと関係しているとの解釈は当然ながら可能である。既存の社会制度の破壊と政治的混乱の歴史は，過去 20 年間に人民党の政治支配の強化という形で安定化と社会制度の強化の方向に向かってはいるが，政府・国家としての上からの社会制度の再構築が依然として進んでいないことが示されている。

⑶　2011 年から 2016 年の間の経済状況の変化

アンケート調査を行った 2011 年 11 月以降の生活状況と社会意識の変化を調べるために，2016 年にバ・バオン村を再訪問し追加的なヒアリング調査を行った。そのヒアリングの結果，5 年の間の経済社会状況の変化（改善）を確認することができた。

2016 年時点でバ・バオン村の世帯数は 573 で人口は 2,643，これは 2012 年の 576 から 3 世帯の減少にすぎず，農村での人々の移動は依然として限定的であることが示されている。なお 2016 年時点で，このうち「貧困」家庭は 133

(23.2%) であった (4年毎に計画省の調査にもとづいて認定)。人々の家族・親族に対する「信頼」は依然として強いが，コミューンの行政的な枠組みに対する信頼は徐々に拡大しているようであった。

灌漑設備はコミューンの共同作業の中核であり，水利組合が組織されている。2本の灌漑水路があり，7つのコミューンが利用し，地方政府（水資源管理省）が管理している。各コミューンには（農業省のもとに）農協も組織されており，農協は，貯蓄グループを組織し組合員に小規模融資を提供しているが，ACLEDA など民間の融資機関の活動が拡大している。

農作業に関して以前は牛による農作業が主流であったが，2016年時点では耕運機による農作業をする農民も出現してきており，牛を食用として育てている農家も出てきていた。人々の経済活動は農業中心から多角化し，キオスクや商店などのスモールビジネスや近郊での建設や道路工事などの労働者や縫製工場や都市部での雇用などで収入を得る人々が，特に若い世代で増えた。カンボジア南部の国道2号・3号線沿いに多くの縫製工場ができたことなどによって，工場労働者として働く若い女性が増え賃金収入が拡大したとのことである。

また，バ・バオン村では電気が2010年頃から徐々に整備されはじめ，国道に近いところから次第にコミューン全体に広げられ，2016年時点では村全体に電気が来るようになっていた。一方で，2011年には，村の中での貧富の格差はそれほど目立たなかったが，村の中での所得格差も拡大している。以下の写真のうち，写真1の貧困世帯は，働き手の夫を失った世帯で，電気代が払えず以前と同様にバッテリーをテレビなどの電源として利用している様な状態である。写真2は村の中で小さなキオスクを経営する世帯である。写真3は中国系の住民で親族から資金を借りてかなり立派な家屋をたて雑貨商店を経営する

写真1　貧困世帯

写真2　キオスク経営の主婦

写真3　商店を営む世帯

世帯である。

⑷ コミューンレベルの政治・社会組織の状況

カンボジアではコミューン毎に評議会委員が選ばれる。コミューン評議会委員は，選挙での得票数に応じて選ばれ，ワット・ダムナック村では2012年時点ではすべて人民党員であった。他方，バ・バオン村では2012年時点で，人民党が4人，サム・ランシー党が2名，人権党が1名であった（2013年に両党はカンボジア救国党に統合）。なお，コミューン長は与党（人民党）から選ばれるため，いずれの村でも人民党員である。

都市近郊のワット・ダムナック村と農村地域のバ・バオン村では，政治組織のあり方がかなり対照的である。ワット・ダムナック村は，比較的所得の高い世帯が多く家屋も立派で村内の道路は舗装され側溝まで整備されている。この要因のひとつは，この村は人民党が大きな影響力を持っており，中央政府から開発予算を村に引っ張ってくることができているからである。

下の写真4のように，村の役場と警察署と人民党の事務所が3つ並んでおり，それらが一体となって村の行政を牛耳っていることが一目瞭然である。他方，右の写真5はバ・バオン村の様子であり，道路は未舗装で子どもの服装も貧相である（男子は裸で裸足である）ことからわかるようにこの村はまだまだ貧しい農村である。背後の右に見えるのは，人権党の看板であり，この村は野党を支持する世帯が少なくない。

選挙制度は1993年に地方政治にも持ち込まれたが，2011年から2016年の間に制度そのものには大きな変化はなく，コミューンレベルでの自治組織はそのまま存在していた。ただし，2011年に存在していた「人権党」の看板は，

写真4　ワット・ダムナック村

写真5　バ・バオン村

その後，人権党とサム・ランシー党が合体してカンボジア救国党（CNRP）になったため救国党の看板に変わっていた。コミューンの長は人民党のリーダーであったが，救国党を支持する役員もいた。後述するように，2017年に最高裁によって救国党の解党命令が出されたが，2022年6月に実施された地方選挙では，救国党にかわって設立されたキャンドルライト党の役員2名が選ばれたとのことである。

⑸　近代化に伴う「社会関係資本」の変容

上記のように，カンボジアにおける農村地帯と都市近郊の2つのコミューンの村で現地調査を実施し，アンケート調査を実施した。その目的は，カンボジアにおける農民の都市の生活様式と社会関係を検証し，そこから伝統的社会関係資本と近代的社会関係資本がどのようなものでどの程度存在しているかを把握することであった。

「伝統的社会関係資本」と考えられるのは家族・親族関係や村の相互扶助，宗教儀式などであり，これらはカンボジアにおいて特に農村において依然として強く残存している。他方，「近代的社会関係資本」とは，「上からの近代化」を示すものとして国民生活への政府機関や政党の関与などがあげられ，より市民社会的な新しい社会関係資本として，国内外のNGOや民間企業による活動やそれが果たす役割ととらえることができる。カンボジアにおいては，人々は国家による枠組み（行政や政治）に関してきわめて警戒的であり，その大きな原因のひとつとして，ポル・ポト時代の既存の社会制度の破壊の傷跡があることは否定できない。その影響のためか，NGOやボランティア活動の果たす役割や依存度も限定的である。

他方で，農村と都市の調査結果を比較してみると，グローバル化された経済発展の進展の中から，新しい要素が出てきていることも確かにみてとれる。例えば，コミュニティの流動化，男女の役割意識の変化などである。また，民間経済活動の活発化によって小規模融資機関（MFI）など民間ビジネス機関の役割は大きくなっており，その影響は都市ばかりでなく農村にも及んでいる。

3．カンボジアの人々の「幸福度」と政治的自由

(1) カンボジア人の「幸福度」の向上

開発論を中心に近年「幸福度」についての関心と研究が進んでいる。きっかけはブータンが「Gross National Happiness Index（GNH）」として，心理的ウェルビーイング，健康，教育，時間使用，文化的多様性とレジリエンス，良き統治，コミュニティの活力，生態系の多様性とレジリエンスなどの指標を提示し生活の質についての新たな定義を主張したことである。近年では，World Happiness Report（WHR）が2012年から「世界幸福度（World Happiness Index：WHI)」の指標の刊行を開始した。これは，国連の「UN Sustainable Development Solutions Network」がJ.サックスなどの助力を受けてとりまとめているものであり，一人当たりGDPのほか，社会的サポート，健康寿命，人生の選択をする上での自由度，社会貢献，汚職に対する意識の有用性などの評価数値をもとに総合点を計算している。

図3-2はカンボジアを含む東南アジアと日本の「世界幸福度（WHI)」の変化を示した統計である。WHRの幸福度指数の計算によると，カンボジアのWHIは他の東南アジア諸国と比べてまだ低いが，2005年から2021年の間に他の東南アジアの国がフィリピンを除いて停滞しているのに対し，カンボジアの幸福度の数値は2012年から2021年までかなりの改善を示している。

2005－2007年の幸福度を左右する要因としては「一人当たりGDP」と「生

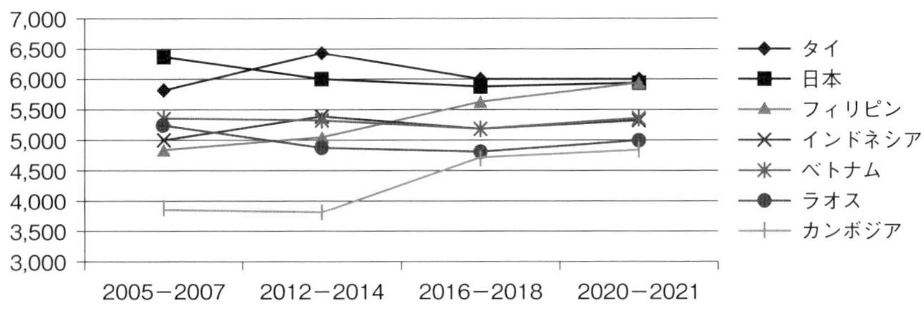

（注）World Happiness Index（WHI）より筆者計算・作成。

図3-2　世界幸福度（WHI）の比較と推移

活環境の改善（healthy life expectancy）」が大きく，2012－2014年の幸福度については「社会的支援（social support）」と「生活環境の改善」および「生活選択の自由（freedom to make life choices）」との説明である。それに対し，2016－2018年には，「社会的支援」の要因が大きく「一人当たりGDP」「生活環境の改善」「生活選択の自由」が同程度の要因とされている。

カンボジアの生活環境は過去15年間に次第に改善されており，上述したように，農村社会においても，わずか5年間の間にかなりの変化がみられることがわかった。こうした変化はカンボジアの人々の「幸福度」認識の向上にもつながっているようである。

(2)　政治的自由の後退（権威主義化）

他方，民主化やの政治的自由については，1992年の国連暫定統治に続いて1993年以来5年毎に選挙が実施されるようになり，形式的には民主制度が導入された。カンボジアの政体と民主化度の推移を大まかに把握する代表的な指標としてPolity IVスコアがある。図3-3はその過去30年間の四半世紀の推移を示したものである。

カンボジアのPolity IVスコアは，国連暫定統治の中で新たな国づくりに着手した1992年以降，急速に民主化し「1」の水準に達し，1997年の政変で一時的に落ち込んでいるが，1999年以降，ある程度改善された水準（+2：開放

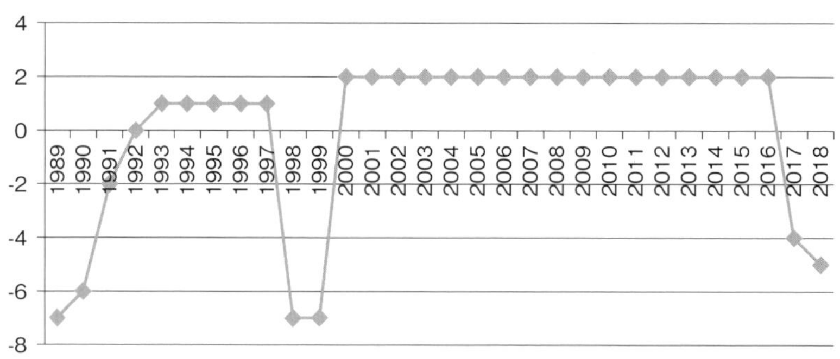

（注）Polity IVスコア（Center for Systemic Peace, Country Report，各年版）より筆者作成。数値は-10から+10までで高いほど「民主的」。

図3-3　カンボジアのPolity IVスコアの推移

的アノクラシー［完全に民主主義でも独裁主義でもない中間的な政治体制］）ではほぼ横這いであった。しかし，2017年を境として急激に悪化し，2018年時点では「−5」（オートクラシー［Autocracy：独裁政治・専制政治］）とされている。Polity IV の補足欄では，この大きな下落の理由を以下のように説明している。

「2018年7月に予定されていた議会選挙に向けて，フン・セン首相は野党・救国党の指導者を反逆罪の罪で逮捕し，それを最高裁判所による救国党の解党命令の根拠として利用した。救国党の解党は人民党（CPP）に支援されたフン・センによる自作のクーデターと考えられる」（2018 update of the Polity IV dataset より）。

2017年6月の地方選挙で，人民党の議席数は全国合計で6,503，それに対して救国党の議席数が5,007となり，救国党の支持が広まった。それに脅威を持ったフン・セン政権は，同年11月に最高裁判所から救国党の解党命令を出させ，2018年7月の国政選挙では人民党が全議席を獲得したのである。

図3-4は，1993年以降の5年毎の議会選挙での主要政党の獲得議席数の推移を整理したものである。フンシンペック党は伝統的に国民の中に存在する国王の権威を背景に当初は大きな勢力であったが，その後政治権力の表舞台での

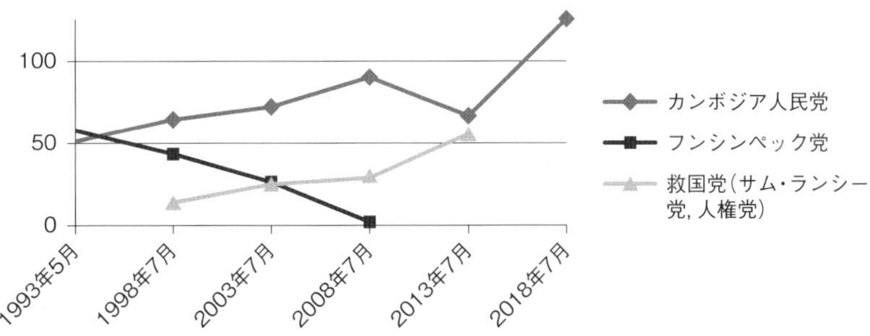

（注）公式結果をもとに筆者作成。救国党は前身のサム・ランシー党及び人権党の数値を含む。

図3-4　これまでの選挙における主要政党の獲得議席（議席総数123）

影響力は減少した。それに代わって，社会主義的な「近代化」勢力である人民党の政治的影響力が増している。欧米的な近代化路線にも近い救国党などの勢力は，カンボジアが経済発展を遂げグローバル経済とのつながりを深めるにつれて勢力を増してきたが，2017年の解党命令で，いったんその勢いは途切れてしまった。こうした政治的自由の制約は，カンボジアの人々の幸福度にどのような影響を与えるのか，現時点では定かではない。

おわりに

⑴　経済発展に伴う「社会関係資本」と「幸福度」の変化

「社会関係資本」の議論では，家族・親族など血族やコミュニティ内の信頼関係を基盤とする社会関係を「結束型（bonding）」社会関係資本と称し，政府・行政機関や会社組織や民間活動を基盤とする近代的な社会関係を「橋渡し型（bridging）」社会関係資本と称する。カンボジアの上記の調査によれば，都市近郊では近代的な橋渡し型社会関係の萌芽もみられる一方，農村と近郊地域のいずれでも結束型社会関係が依然として強力であることがわかる。

また，カンボジアの人々の生活水準は着実に向上している。開発度を測る最も典型的な指標である一人当たり所得水準をみても，開発の別の測定基準である人間開発指数をみても，過去30年間に着実に向上をみせている。そうした生活水準の向上と将来に対する明るい期待がカンボジアの人々の「幸福度」の向上にもつながっていると考えられる。

他方，近年のカンボジア政治の「権威主義化」は，もともとあった血族やその取り巻きを中心とする国家運営が復活してきたと見ることもできる。言い換えると，ある種の政治の「先祖帰り」とも言えよう。その一方で，フン・セン政権の権威主義化は，着実な経済成長とともに拡大する経済利権を独占しようとする「利権政治」の強化であると見る見方も可能である。

図3-2に見られるように，2020－2021年の幸福度は人民党の一党支配下ではあるが引き続き上昇している。「生活環境の改善」がなされることが幸福度にとって最重要な要素なのか，あるいは，政治的自由を含む「生活選択の自由」も幸福度の軽視し得ない大きな要素なのか，今後も注視していきたい。

⑵　日本の近代化との比較の視点

最後に，カンボジアの「近代化」と社会変容を考える際に，日本の「近代化」に伴う社会変容の歴史との比較の視点を追記しておきたい。

日本自身，19 世紀後半の幕末の混乱期と明治維新をへて 20 世紀初頭にかけて急速な（西洋的）近代化と社会変容を経験してきた。日本も米作を中心とする農村社会と武士を中心とする階層社会が基盤にあったが，西洋的近代化とともに社会の大きな変容を経験した。その様子は，例えば島崎藤村の「夜明け前」という小説でもその変化と課題が描かれている。

20 世紀初頭の国際経済は，実は経済のグローバル化が急速に進んだ時代であったと言われている。GDP に占める貿易（輸出入）額の比率は欧米諸国間だけでなく世界全体の統計で 50％を超えていたとされるし，当時の日本もそうしたグローバル経済の波の中で，生糸や織物等の生産・輸出を拡大し工場労働者層が拡大し社会運動や市民意識も台頭してきた。

1970 年代から 1990 年代初頭にカンボジアが経験した社会変化は，日本の幕末から明治維新に相当する。カンボジアが 1990 年代以来経験している社会変化は，日本が 20 世紀に経験した社会変化に類似している。過去 30 年間のカンボジアの近代化は，日本の幕末から 20 世紀の 100 年以上に及ぶ近代化過程を 5 倍くらいのスピードで経験しているようなものだといえるのではないか。

日本もカンボジアも，その近代化過程は「内発的」というよりはグローバル経済の巨大な波に飲み込まれる中での急速な社会変容のプロセスであった。日本社会もまだまだ伝統的な農村社会の要素を残しながらも，急速な西欧的近代化を遂げてきた。その過程では戦争の混乱もあったし，米国による占領下での「上（外）からの近代化」の圧力も経験した。カンボジアも，まだまだ色濃く農村社会の性格を残しながらも，グローバル経済の波の中で急速な社会変容を経験している。急速な経済発展による社会のひずみや政治的な混乱も，今まさに直面している最中である。

こうしたカンボジアの社会が経験している急速な近代化の社会変容を中長期的な視点で冷静にとらえつつ，既に近代化を遂げた先進国である日本として，どのような支援や関与の仕方が良いのか，あらためて考えを深めていきたい。

写真6　2001年
日本の援助で再建後(95年完工)

写真7　2007年
交通量の急拡大

写真8　2016年
並列する中国支援（借款）の橋

（出所）いずれも首都プノンペンからトンレサップ河の対岸にかかるチュルイ・チョンバー橋にて撮影。

【引用・参考文献】

天川直子編（2004）『カンボジア新時代』日本貿易振興会アジア経済研究所。

稲田十一（2013）「カンボジアにおける近代化と社会関係資本の変容」『社会関係資本研究』専修大学。

稲田十一（2017）『社会調査からみる途上国開発―アジア6カ国の社会変容の実像』明石書店，第1章，19-54頁。

稲葉陽二（2011）『ソーシャル・キャピタル入門―孤立から絆へ』中央公論新社。

小林知（2011）『カンボジア村落世界の再生』京都大学学術出版会。

島崎藤村（1955-56）『夜明け前　第1部・第2部』新潮文庫（原作1929-1935）。

廣畑信雄・福代和宏・初鹿野直美（2016）『新・カンボジア経済入門―高度経済成長とグローバル化』日本評論社。

福島清介（2006）『新生カンボジアの展望―クメール・ルージュの虐殺から大メコン圏共存協力の時代へ』日本国際問題研究所。

CDRI (Cambodia Development Resource Institute) (2007), *Moving Out of Poverty?: Trends in Community Well-Being and Household Mobility in Nine Cambodian Villages*, CDRI.

CDRI (2012), *Understanding Poverty Dynamics: Evidence from Nine Villages in Cambodia*, Working Paper Series No. 69, CDRI.

CDRI (2013), *20 Years' Strengthening of Cambodian Civil Society: Time for Reflection*, Working Paper Series No. 85, CDRI.

Fukuyama, Francis (1995), *Trust: The Social Values and the Creation of Prosperity*, Free Press.

Grahn, Hanna (2006), *In the Search of Trust: A Study on the Origin of Social Capital in Cambodia from an Institutional Perspective*, LUND University.

Krishnamurthy, Veena (1999), *The Impact of Armed Conflict on Social Capital: A Study of Two Villages in Cambodia*, Social Services of Cambodia.

Pearson, Jenny (2011), *Creative Capacity Development: Learning to Adapt in Development Practice*, Kumarian Press.

Pellini, Arnald (2005), "Traditional Forms of Social Capital in Cambodia and Their Linkage with Local Development Processes," *Cambodia Development Review*, 9 (3), pp. 8-11.

Strangio, Sebastian (2014), *Hun Sen's Cambodia*, Silkwarm Books.

UNICEF (1996), *Towards a Better Future: An Analysis of the Situation of Children and Women in Cambodia*, UNICEF.

コラムⅣ

カンボジアの国旗
――しばしば変わった国旗だがアンコール・ワットは不変

吹浦忠正

アンコール・ワットは12世紀前半，アンコール王朝のスーリヤヴァルマン2世によって，30数年をかけて建立されたヒンドゥー教ヴィシュヌ神を本尊とした霊廟寺院であり，カンボジア民族最高の誇りだ。1546年から64年の間に，アンチェン1世が第一回廊北面とその付近に彫刻を施したり，その孫にあたるソター王が16世紀後半に上座部仏教寺院へと改修し，今日に至っている。

最初にこの場所を訪れた西洋人はポルトガルのアントニオ・ダ・マグダレーナ。1586年のこと。その後は日本人の来訪者も多く，中でも1632（寛永九）年に肥前（今の佐賀県）の森本右近大夫一房（加藤清正の旧臣で，5,200石どりの大身であった森本儀太夫の息子と思われる肥前松浦藩士）がこの場所を釈迦が修行した祇園精舎と思い込んで，参拝し，寺院内に「書き遺し」たことで知られている。

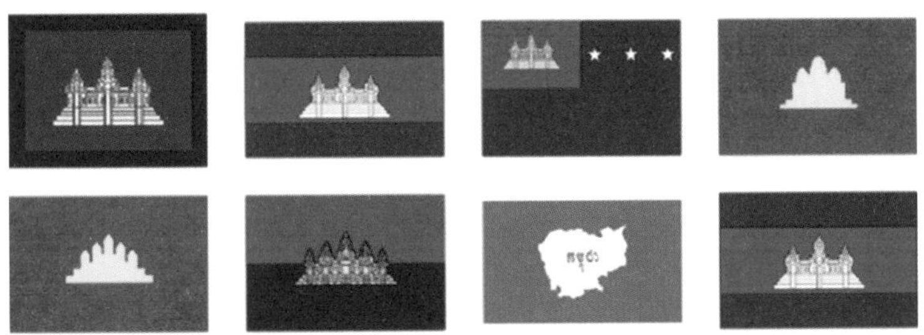

（注）左から，フランス統治時代（1863～1948年），シアヌーク国家元首時代（1948～70年），ロン・ノル政権時代（1970～75年），ポル・ポト政権時代（1975～79年），ヘン・サムリン政権時代（1979～89年），カンボジア国時代（1989～91年），明石康氏が国連事務総長特別代表としてトップの座にあったUNTAC（国連カンボジア暫定統治機構）時代（1991～93年，白は国土。青は国連旗の色），フン・セン政権時代（93年～現在）の国旗。

写真1　カンボジアのいろいろな国旗

筆者が初めてアンコール・ワットを訪ねたのは，1968 年。シエムレアプのホテル 2 階から象に乗って出掛けたのだが，当時は，森本による以下の「書き遺し」も明瞭だった。遺憾ながら，その後は読解がかなり困難になってしまった。

寛永九年正月初而此所来ル　生国日本肥州之住人　藤原之朝臣森本右近太夫一房
御堂ヲ心ニ為千里之海上ヲ渡一念　之儀念生々世々娑婆寿世之思ヲ清ル者也
為其□仏ヲ四躰立奉物也　摂州北西池田之住人森本儀太夫
右実名一吉善魂道仙士為娑婆是書物也　尾州之国名谷之都後室其
老母者明信大姉為後世ニ是書物也
寛永九年正月丗日

この墨書のほかにも，肥後の木原屋嘉衛門夫妻，肥前の孫衛門夫妻などが参詣した旨の墨書もある。寛永八年から九年にかけて肥前松浦家の船がカンボジアに渡航しているので，これらの人が便乗していたという説もある。

フランスのアンリ・ムオー（1826～61）がこの寺院を見つけたのは二百数十年後の 1859 年のこと。ムオーは写真や絵の技術を持つ探検家で博物学者というべき人。ラオスでマラリアに罹り亡くなった。

1970 年 3 月のロン・ノル将軍のクーデター以来，国中が混乱に陥り，アンコール・ワットはほとんど手入れされることなく，というより，戦火の続く中で多くの破壊や略奪にあいながら野ざらしにされてきた。加えて，巨大な熱帯植物が繁茂して根が石組みを持ち上げ，一部が崩壊するなど，傷みが酷い。

写真２　ムオーの描いたアンコール・ワット

この地を領有していたフランスは古くからその管理と補修に努めてきたが，クメール・ルージュ（ポル・ポト派）は，仏像や遺跡に敬意を払うことなく，手酷い破壊行為を行った。1979 年，クメール・ルージュはヘン・サムリン（部隊長程度）を担いだベトナム軍に首都プノンペンを追われると，アンコール・ワットの周辺にも逃れて来た。民族の誇りであり，世界的な文化遺産であることから，攻撃にあたっては重砲の使用がためらわれたため，比較的安全と見なされたのだ。

1991 年 10 月，日本政府の協力もあって，内戦は「パリ和平協定」で終焉した。こうした混乱にあっても，この間，各派はいずれも，アンコール・ワットを大きく取り入れた旗を掲げていた。そして，翌 92 年，アンコール遺跡は，ユネスコの世界文化遺産に登録された。

ヘン・サムリンを継いだ形のフン・セン政権下，1999 年までに，クメール・ルージュの大半のメンバーは投降あるいは拘束され，事実上，壊滅した。

こうした中で，アンコール・ワットでは日本（特に上智大学），インド，フランスなど各国の資金と技術の協力をえて，修復活動を進めており，対人地雷密集地であった寺院周辺では地雷の撤去も進捗し，コロナ禍までは日本はもとより各国から復興・開発のための NGO が諸活動を実施し，また，大勢の観光客が押し寄せてくるようになった。

第4章

カンボジアのクメール・ルージュ裁判

高橋宏明

はじめに

民主カンプチア（クメール・ルージュ政権）が実質的に崩壊してから，既に40年以上が経過した。その間，1980年代のカンボジア内戦，UNTAC（国連カンボジア暫定統治機構）による制憲議会選挙の結果を経て，1993年9月にはカンボジア王国が誕生し，2000年代にかけて社会復興と経済開発が進展した。人民党への権力集中が進み，2010年代後半にはフン・セン首相の権威主義的な独裁手法による政権運営が顕著となっている。2020年代のカンボジアに，政治団体・政党組織としてのクメール・ルージュは，もはや存在しない。

1980年代初頭からクメール・ルージュ政権下で虐殺が行われたとする難民の証言などは存在した[1)]。日本ではカンボジア現地調査による良質なルポルタージュも発表されていた[2)]。しかし，1980年代のカンボジア内戦期から1990年代初頭まで，クメール・ルージュによる虐殺を重大な国家的犯罪として裁くという議論は，国際社会においてそれ程多くなかった。東西冷戦構造の枠組みの中で，虐殺の事実はプロパガンダなどとみなされ，政治的キャンペーンの一環として処理されていた側面がある。一時期は，クメール・ルージュによる虐殺など存在せず，ベトナムによるプロパガンダであるとの見解さえあった[3)]。国際社会およびカンボジア国内の世論が大きく変わるのは，1996年8月以降のクメール・ルージュ幹部の投降，恩赦，ポル・ポト元首相死亡などが契機であったといえる[4)]。

1996年から2003年にかけて，国連とカンボジア政府の間では，クメール・ルージュの虐殺の責任を問う国際法廷を設置するための協議と交渉が繰り返し行われた。カンボジア政府による2001年8月の「民主カンプチア時代に行われた犯罪の訴追に関するカンボジア裁判所内の特別法廷設置法」制定後，2003年6月に「民主カンプチア時代に犯された罪のカンボジア法の下における訴追手続に関するカンボジア・国連協定」が国連とカンボジア政府の間で締結され，カンボジア特別法廷（Extraordinary Chambers in the Courts of Cambodia：略称ECCC）の設置が決まった。紆余曲折の長い道のりを経て，カンボジア特別法廷は2007年に開廷した[5)]。

本章では，カンボジア現代史の文脈の中にカンボジア特別法廷を位置づけ，どのようにクメール・ルージュによる虐殺が裁かれているのかを論じる。第1節で民主カンプチア政権に至る道筋，クメール・ルージュによる虐殺の概要，1980年代のカンボジア「問題」の概略をまとめる。第2節でカンボジア特別法廷の設立への道のりを辿る。第3節では，クメール・ルージュの元最高幹部に対する裁判の経緯をまとめる。その上で，カンボジア特別法廷の成果について簡潔に論じることにしたい。

1．民主カンプチア政権下の虐殺

1970年3月に外国で静養中のシハヌークは，ロン・ノル将軍のクーデターによって国家元首を解任された。シハヌークは，北京からカンボジア国内に向けて打倒ロン・ノルの呼びかけを行うと同時に，クメール・ルージュと共闘することを決め，その後の5年にわたる内戦が始まった。1973年以降は，地方でのシハヌーク人気を味方につけたクメール・ルージュが，ロン・ノル政府軍の拠点を次々に攻略し，徐々に首都プノンペンを包囲していった。

1975年4月17日，クメール・ルージュのプノンペン入城によってロン・ノル政権は崩壊し，クメール共和国は終焉を迎えた。クメール・ルージュは直ぐに，主要な政府機関を占拠する一方，ロン・ノル政権の幹部や軍人，役人たちを集めて次々に処刑していった。クメール・ルージュによる組織的な虐殺の最初の犠牲者は，ロン・ノル政府の幹部や軍人，官吏たちだった[6)]。

クメール・ルージュは，「オンカー・パデヴォワット（革命組織）」を自称し，人びとの人的選別を行って支配し始めた。当時のプノンペンには，米軍の爆撃によって家を失った東部地域の人びとが流入しており，1960年代に約60万人だった首都の人口は，内戦終了時には約250万人にも膨れ上がっていた。都市部における食糧不足の問題やアメリカからの攻撃の回避などを理由に，プノンペン住民の農村部への下放が開始された。その後，1975〜1978年の間に，都市部出身の人びとは，数回にわたる移動や移住が繰り返し行われた[7)]。

この3年8カ月の間において，知識人の虐殺，宗教関係者の迫害，特に仏教僧の還俗強制，ムスリム系少数民族チャムの大規模な虐殺などが引き起こされた[8)]。1977年以降は，一般住民の虐殺やクメール・ルージュ幹部の政治的粛清などが激しさを増し，民主カンプチア政権は内部崩壊の様相を呈していった。民主カンプチア時代における虐殺の規模について，国連や米国イェール大学の調査では，約170〜200万人と推計されているが[9)]，広範囲にわたる住民虐殺の実態解明は困難を極めている。

クメール・ルージュは，1976年に民主カンプチアの樹立を宣言したが，その頃には1950年代以来のベトナム執行部との確執がついに本格的な対立へと至っており，1977年にはベトナムとの大規模な国境紛争が発生した。その結果，1978年12月24日，約20万人のベトナム軍がカンボジア領内に侵攻し，翌年1月6日には首都プノンペンを攻略した。ベトナム領内で結成された「カンプチア救国民族統一戦線」は，ベトナム軍の支援を受けて，1979年1月7日にプノンペンをポル・ポト政権から「解放」した。その直後，人民革命評議会議長ヘン・サムリンが「カンプチア人民共和国」（ヘン・サムリン政権）の樹立を宣言し，民主カンプチア政府は崩壊した。

ヘン・サムリン政権は，1979年7月15日にカンプチア人民革命評議会の命令によって「プノンペン市人民革命法廷」を設置した[10)]。同法廷は8月15〜19日に開かれ，クメール・ルージュ政権下の住民虐殺の責任を問い，罪を裁く裁判であった。被告人として，民主カンプチアの指導者である幹部2名，ポル・ポトとイエン・サリの罪を問い，被告人欠席のまま死刑の判決を下して閉廷した[11)]。しかし，同裁判の存在と判決は，当時の国際社会からほとんど顧みられることはなかった。クメール・ルージュの虐殺はベトナムとヘン・サムリン政権による捏造という見解さえ存在した[12)]。1980年代の前半は，ベトナムによるカンボジア侵攻への強い反発が，クメール・ルージュによる虐殺の存在自体を疑問視する見方に結びついていたことも一因であった[13)]。

一方，民主カンプチア政府の幹部は，1979年1月6日にプノンペンを放棄してタイ国境地域へと逃れ，タイ国境地帯・カンボジア北西部のジャングルを移動しながらゲリラ活動を展開して，ベトナム軍の支援するヘン・サムリン軍と戦った。また，クメール・ルージュは，シハヌークに国連でベトナム軍の侵攻を非難するアピールを出させるなどして，国際社会に訴える手段をとった。1982年7月，クメール・ルージュは，ソン・サン派，シハヌーク派と共に反ベトナムの「民主カンプチア三派連合政府」を発足させて，ヘン・サムリン政権に対抗した。こうして，1982年以降のカンボジア国内には，米国，中国，東南アジア諸国連合（以下ASEAN）などに支援されてタイ国境地域に拠点をおく民主カンプチア三派連合政府と，ソ連・東欧諸国やベトナムなどに後押しされながらカンボジア全土を実効支配するカンプチア人民共和国という2つの「国家」が併存することになった。1980年代を通して，内戦は長期化し，二重政権状態が継続された[14)]。いわゆる，カンボジア「問題」である。

カンボジア「問題」の背景には，3つの対立要因があった。すなわち，第1に東西冷戦対立，第2に社会主義諸国同士のイデオロギー対立，第3に民族対立である。これらの要因が複雑に絡み合い，紛争当事者による解決を困難にしていた。1980年代の東南アジア地域では，「東西冷戦構造」の枠組みが，米国・ASEAN対ベトナム・ソ連という構図で機能していたことから，ベトナムのカンボジア侵攻と親越政権の樹立は，必然的にカンボジアを東側の一員に組み込むことになった。さらに，1960年代後半以降の中国対ベトナム・ソ連という社会主義国同士の「イデオロギー」対立によって，クメール・ルージュを支援する中国と，ヘン・サムリン政権を後押しするベトナムの対立となって現れたのであった。

2．カンボジア特別法廷の設立までの道のり

1987年のヘン・サムリン政権のフン・セン首相と3派連合政府のシハヌーク殿下との直接会談を契機として，1990年以降に和平プロセスが急速に進展した[15)]。1991年10月にパリ和平協定が締結され，1992年3月に国連カンボ

ジア暫定統治機構UNTACが発足してカンボジアの和平が進行した。1993年5月の制憲議会選挙を経て，9月にはシハヌークを国王として，カンボジア王国政府が成立した。しかし，この間，クメール・ルージュはUNTACによる武装解除を拒否し，且つ選挙への参加もボイコットした。その結果，クメール・ルージュは，国連主導の和平プロセスから離脱することになり，新政権への参加の機会を失うことになった。敵対勢力としてタイ国境地域のパイリンやバンテアイ・ミエンチェイ州などに残存し，不安定要因となった。

ところが，フン・セン第2首相らの働きかけによって，1996年8月にイエン・サリ元副首相兼外相がプノンペン政府に投降すると，クメール・ルージュ指導部にも動揺がみられるようになった。1997年5月にはクメール・ルージュ内の権力闘争によってソン・セン元国防相夫妻が殺害され，さらに内部分裂が進んだ。1998年4月にポル・ポト元首相が亡くなり，1999年3月に強硬派である元軍最高司令官のタ・モック将軍が逮捕されると，クメール・ルージュは崩壊への道を辿っていったのである[16)]。

一方，1996年にトーマス・ハマバーグが「カンボジアの人権問題に関する国連事務総長特別代表」に任命され，クメール・ルージュの法的責任の追及に向けて取り組むことになった[17)]。1997年4月に国連人権委員会は，コフィー・アナン国連事務総長に対して，過去の重大なカンボジアの法や国際法の違反に対応するために，カンボジアから支援の要請があったときは検討すること，との要請の決議を採択した[18)]。こうした国連の動きを背景にして，1997年6月，ラナリット第1首相とフン・セン第2首相は，アナン事務総長宛に「1975年から1979年までのクメール・ルージュ支配の間に行われたジェノサイドおよび人道に対する罪に責任を有する者を裁くため，国連および国際社会の支援を求める」旨の書簡を送付した。国連に支援要請の書簡を送った直後の1997年7月，ラナリット第1首相勢力とフン・セン第2首相勢力の間で「武力衝突」が発生し，ラナリット第1首相が亡命してカンボジア国内が一時的に混乱するが，フン・セン第2首相が直ぐに実権を握り，翌年の第2回総選挙で人民党を勝利に導いて政権運営を担うことになった。

1997年12月，国連はカンボジア政府からの6月の要請について検討した結果，事務総長は専門家グループを任命して，1998年11月にカンボジア調査を実施させた。1999年2月，同グループは，クメール・ルージュ政権下では国際法上および国内法上の重大な犯罪が認められ，指導者に対する法的手続きの行使を正当化するに十分な証拠も存在するとの報告書を提出し，その中で国連安保理または総会の下，特定の目的のために国際法廷を設置すべきであると勧告した[19]。これに対してカンボジア政府は1999年3月，事務総長宛に書簡を出し，クメール・ルージュの幹部を裁判にかけるためには，カンボジアの平和維持と国民和解という特殊事情を考慮する必要があり，やり方を間違えば元カンプチア共産党員たちが混乱をきたし，「新たな内戦の火種」につながりかねないと訴えた[20]。

その後，国連とカンボジア政府との間では1年以上にわたって協議と交渉が繰り返されたが，2001年に入り，カンボジア政府がひとつの結論を出す。すなわち，2001年8月，カンボジア国民議会は，「民主カンプチア時代に行われた犯罪の訴追に関するカンボジア裁判所内の特別法廷設置法（以下「KR特別法廷設置法」)」を制定し，KR特別法廷を国内法廷の特別部門と位置づけたのである。同法では，第一審はカンボジア人判事3人と国際判事2人で構成されるとし，国連との妥協的な姿勢も示されていたものの，司法における国際水準の確保を求める国連側との溝は埋まらなかった。特にプノンペン政府への投降時に恩赦を受けたクメール・ルージュ指導者を裁判にかけることについて，フン・セン首相が否定的な見解を出したことから，主要な指導者が訴追されないのならば支援を打ち切るとする国連側との対立が残ってしまった[21]。

2002年から2003年にかけて，国連とカンボジアの間で結ばれる国際協定と国内法であるKR特別法廷設置法との優位関係，対人管轄権の範囲などをめぐり，国連とカンボジアとの交渉が難航した[22]。2002年2月，国連はカンボジア政府との交渉を打ち切る声明を発表したが，フランスや日本などの関係各国の仲介などもあり，2003年1月には交渉が再開された。最終的に国連事務局は，「KR特別法廷設置法」にしたがって裁判を行うことを容認し，譲歩した[23]。3月に国連とカンボジア政府との合意文書内容の草案が作成され，5月には国連総会もこれを承認する決議を採択した。その結果，2003年6月に「民主カンプチア時代に犯された罪のカンボジア法の下における訴追手続に関するカンボジア・国連協定」（以下，「カンボジア・国連協定」）が国連とカンボジア政府の間で締結された。

カンボジア・国連協定では，「1975年4月17日から1979年1月6日までに行われた，カンボジア刑事法，国際人道法・慣習およびカンボジアによって承認された国際条約についての犯罪および重大な違反」について，「民主カンプチアの上級指導者および最も責任を有する者」を本特別法廷の管轄とした[24)]。また，第一審はカンボジア人判事3人と国際判事2人，最高審はカンボジア人判事4人と国際判事3人で構成されることなどが合意された[25)]。

その後，カンボジア国内においてカンボジア・国連協定を承認し，KR特別法廷設置法を同協定と整合するように改正する必要があったが，2003年7月の第3回総選挙後の与野党対立から1年以上も国会が開かれなかったために，法律改正は進まなかった[26)]。2004年8月に入ってようやく国会が開会して審議が再開されるようになり，10月に国連とのカンボジア・国連協定を承認すると同時に，同協定内容に沿うように，KR特別法廷設置法を改正した[27)]。とはいえ，裁判費用の分担の協議，各国への資金拠出の要請など，資金調達に時間を要し[28)]，裁判開始の準備が整ったのは，2006年7月になってからだった[29)]。

カンボジア特別法廷の設置への道のりは紆余曲折を極めたが，2006年7月3日，任命を受けた国連・カンボジア側双方の裁判官らの宣誓式が王宮で行われた。共同検察官による予備捜査も始まり，特別法廷が運営されることになったのである。

3．どのようにクメール・ルージュを裁くのか

カンボジア特別法廷の特徴は，旧ユーゴスラビア国際戦犯法廷（ICTY）やルワンダ国際戦犯法廷（ICTR）などのような国際刑事裁判所と異なり，カンボジア国内裁判所の特別部署として設置されている点にある[30)]。さらに，カンボジア・国連協定によって，検察官や判事などの裁判関係者にはカンボジア人だけでなく国連の任命する外国人が当てられ，また，カンボジア国内法だけでなく国際法も適用される。こうしたことから，「混合法廷」（hybrid tribunal）と呼ばれている[31)]。

カンボジア特別法廷は，「第一審（Trial Chamber）」と上級審である「最高審（Supreme Court Chamber）」の二審制であるが，捜査段階の裁定を行うために「予備裁判部（Pre-Trial Chamber）」が設置されている。第一審裁判はカンボジア人判事3人，国際判事2人，最高審裁判はカンボジア人判事4人，国際判事3人からから構成され，各裁判には2人の共同捜査判事（Co-Investigating Judges），2人の共同検察官（Co-Prosecutors）が置かれている。予備裁判部には，カンボジア人3人と外国人2人の予審裁判官が配置されている[32)]。

2004年の改正後のKR特別法廷設置法では，カンボジア特別法廷が裁判の対象とする行為，すなわち事物の管轄領域は，「1975年4月17日から1979年1月6日までに行われた，カンボジア刑事法，国際人道法・慣習，およびカンボジアの承認した国際条約の犯罪や重大な違反」とされた。そして，裁判の対象となる者は，「民主カンプチアの上級指導者」および当該犯罪と重大な違反に「最も責任を有する者」とされた[33)]。

2006年7月3日の王宮における宣誓式の後，最初の司法官会議が開かれ，内部規則を定めることを決定したが[34)]，内部規則案をめぐってカンボジア側と国連側の対立が生じ，その調整が長引いた。11月に公開された原案は，2007年6月にようやく採択され,1年近くも開廷が遅れた[35)]。2007年7月18日，共同検察官が，身柄を拘束中だったカン・ゲック・イアウ（ドゥイッ）のほか，ヌオン・チア，イエン・サリ，イエン・チリト，キュー・サムファンの計5名について司法捜査の開始の申立てを行った。11月までに5人は逮捕・勾留され（表4-1），裁判は本格的に始動した。

カンボジア特別法廷は，第1事案，第2事案，第3事案・第4事案の裁判からなっている。第1事案はS21（トゥール・スレン政治犯収容所）で起きた戦争犯罪に関与した元所長のカン・ゲック・イアウ（ドゥイッ）に対する裁判，第2事案は民主カンプチア政府（クメール・ルージュ政権）時代に全土で発生した戦争犯罪に関する元最高幹部ヌオン・チア，イエン・サリ，イエン・チリト，キュー・サムファンの4人を対象とした裁判，そして，クメール・ルージュ政権の中堅幹部を対象とした第3事案および第4事案の裁判である。

第1事案のカン・ゲック・イアウ（ドゥイッ）は，2007年7月31日に逮捕

表4-1　逮捕者一覧（2007年11月19日時点）

氏名	生年月日	逮捕日	逮捕時年齢	民主カンプチア時代の役職	容疑
カン・ケ・イウ（ドッチ）	1942/11/17	7/31	65	S-21（政治犯収容所）・所長	人道に対する罪，1949年ジュネーブ諸条約の重大な違反
ヌオン・チア	1926/7/7	9/19	81	人民代表議会・議長	人道に対する罪，1949年ジュネーブ諸条約の重大な違反，ジェノサイド等
イエン・サリ	1925/10/24	11/12	82	副首相兼外相	人道に対する罪，1949年ジュネーブ諸条約の重大な違反，ジェノサイド等
イエン・チリト	1932/3/10	11/12	75	社会問題相	人道に対する罪等
キュー・サムファン	1931/7/27	11/19	76	国家幹部会議長（＝国家元首）	人道に対する罪，1949年ジュネーブ諸条約の重大違反，ジェノサイド等

（出所）小倉（1984），チャンドラー（1994），Chandler（1992），Kiernan（1985, 1996），Ciorciari（ed.）（2006），ECCCのHP（https://www.eccc.gov.kh/en）などをもとに筆者作成。

された後，カンボジア特別法廷の拘置所に収監され，2008年8月8日に共同捜査判事によって起訴された。2009年2月17・18日に第一審で公判の審問が行われたが，実質的な審理は3月30日に開始され，9月17日に証拠提示が終わり，11月23日から5日間に最終弁論が行われて公判は結審した。2010年7月26日に第一審の判決が出され，「人道に対する罪」，「1949年ジュネーブ諸条約の重大な違反」で有罪とされ，禁錮35年を宣告された[36)]。上告後，カン・ゲック・イアウ（ドゥイッ）は最終的に，2012年2月3日に最高審で終身刑の判決を受け，刑が確定した[37)]。

第2事案について，ヌオン・チア，イエン・サリ，イエン・チリト，キュー・サムファンの4人は，2010年9月15日に共同捜査判事によって起訴された[38)]。2011年1月13日に起訴事実が承認され，第一審に送致された。イエン・チリトを除いて[39)]，11月21日から3名の審理が本格的に始まり，22日にヌオン・チア，23日にはイエン・サリとキュー・サムファンが反論を行った。その後イエン・サリは病気で入院し，公判中の2013年3月14日に87歳で死去した。2014年8月7日に第一審の判決で，ヌオン・チアとキュー・サムファンに終身刑が下されたが，両被告は上告した。2016年11月23日に最高審で「人道に対する罪」でヌオン・チアとキュー・サムファンに終身刑が下され，民主カンプチア政府の最高幹部2人の刑が確定した[40]。「ジェノサイドの罪」に関して裁判が継続していたが，2019年8月4日にヌオン・チアが93歳で亡くなってしまい，キュー・サムファンの裁判が残っているのみである。

第3事案および第4事案はクメール・ルージュ政権の中堅幹部を対象とした裁判であるが，最高幹部以外に捜査の範囲が広がるために，2009年9月にフン・セン首相は訴追への反対を公言していた。カンボジア側検察官と国際検察官の間では，被疑者の追訴に対する見解が分かれ，民主カンプチア政権下における犯罪の包括的な解明に繋がるとして訴追を訴える国際検察官側に対し，カンボジア側検察官は，国民和解の必要性などを理由として訴追に反対の姿勢を示した。こうした対立の背景には，フン・セン首相の意向が反映されているとみられた。2015年以降，第3事案と第4事案では，元地方幹部（管区副書記，管区書記代理，郡書記，その他）が起訴されたが，カンボジア側の捜査協力が得られず，裁判の手続きが滞っている[41]。

おわりに

カンボジア特別法廷の設置に至る経緯は，ある意味で，カンボジアと国際社会の関係性の再構築へのもうひとつの道のりでもあったといえる。1980年代のカンボジア「問題」から1990年代初頭のUNTACによる統治と選挙を経て，国際社会への復帰を果たしたカンボジアにとっては，クメール・ルージュ時代の虐殺は解決すべき人権の問題であり，民主主義社会の実現を期待された新生国家の課題でもあった。言い換えれば，国際社会から復興支援と経済援助を継続的に受けるためには，民主化の推進と人権問題の克服は必要条件であった。

どのように，クメール・ルージュの虐殺に対する「裁き」を実現させるのか。1990年代後半以降の国際社会の強い働きかけとカンボジア国内世論の高まり，国連とカンボジア政府の長期にわたる交渉と妥協，そして1975～1979年クメール・ルージュ時代の虐殺という「負の遺産」を克服しようとするカンボジア国民の意思，などの要因が相互に影響し合いながらひとつの推進力となって，カンボジア特別法廷は現実化することになった。

一方，第3・第4事案において訴追に異を唱えるフン・セン首相の姿勢が，司法への政治介入として非難を浴びてきたが，カンボジア国内事情に深く踏み込むならば，クメール・ルージュ時代から続く「人的つながり」が地域社会内部に潜在することも，無視できないのである。民主カンプチアの過去の虐殺を裁くためには，容易に裁定できない曖昧な領域が不可分に存在していることも忘れてはならないだろう。もちろん，カンボジア人自身が克服すべき社会の課題として認識する必要があることは言うまでもない。

クメール・ルージュの最高幹部は，逮捕された時点でいずれも高齢だったために，裁判は時間との闘いという側面があった。実際に第2事案の被告人4人のうち，キュー・サムファンを残して，3人が既に亡くなっている。そうした中，第1事案と第2事案の一部で最高審の判決に辿り着けたことは，クメール・ルージュの虐殺に対する責任の所在の一端を示せたという意味で評価される。また，第1事案のケースでは，一部のテレビ放映や広報活動の影響もあり，法廷を訪れる傍聴者が総計で数万人に達するなど，幅広い年齢層がクメール・ルージュ時代という「負の歴史」を振り返る契機になった。各地で公聴会やワークショップなども頻繁に開催され，改めて国民和解の意味を問い直すことにもなったといえる。そして，被害者の裁判への参加制度が設けられたことは，カンボジア特別法廷の画期的な側面であろう。被害の実態をめぐる問題については，別稿の課題としたい。

【注記】

本稿は2022年4月に脱稿した関係で，同年9月22日にクメール・ルージュ裁判最高審がキュー・サンパンの控訴審で初級審判決（終身刑）を指示する判決を下し，本裁判が終結したことについては触れていない。別稿にて，改めて取り扱いたいと考えている。

【注】

1）例えば，ポンショー（2009）を参照。
2）本多（1989）。
3）本多編（1980）。
4）ヘダー他（2005），32-33頁。
5）Ciorciari and Heinder (2009), pp. 67-78.
6）ポンショー（2009），74-90頁；ヘダー他（2005），72-74頁。
7）Chandler (1992), pp. 246-255.

8）ポル・ポト政権の代表的な研究として，Kiernan（1996）を参照。
9）イェール大学の研究成果については，Kiernan（ed.）（1993）を参照。
10）Un groupe de jurists cambodgiens（1990），TRIBUNAL POPULAIRE REVOLUTIONNAIRE SIEGEANT A PHNOM PENH POUR LE JUGEMENT DU CRIME DE GENOCIDE COMMIS PAR LA CLIQUE POL POT – IENG SARY（AOUT 1979），MAISON D'ÉDITION EN LANGUES ÉTRANGÈRES, PHNOM PENH, pp. 1-2.
11）Ibid., pp. 349-352.
12）日本でもクメール・ルージュによる「虐殺」を疑う見解や報道が存在した。本多編（1980）を参照。
13）例えば，今川他（1980），129-136 頁。
14）1980 年代のカンボジア問題に関し，カンプチア人民共和国に対する国際社会の対応，国内事情などについては，Vickery（1986），ミシリビエッチ（1988）を参照。
15）カンボジア和平のプロセスと日本の関与・貢献については，池田（1996），今川（2003），河野（1999）を参照。
16）Khamboly and Dearing（2014），pp. 123-128.
17）ヘダー他（2005），44 頁。
18）ヘダー他（2005），44 頁。
19）ヘダー他（2005），45 頁。
20）ヘダー他（2005），45 頁。
21）Ciorciari and Heinder（2009），pp. 73-74.
22）Ciorciari and Heinder（2009），p. 75.
23）Ciorciari and Heinder（2009），pp. 75-76.
24）Ciorciari（ed.）（2006），pp. 186-187.
25）Ciorciari（ed.）（2006），p. 188.
26）Ciorciari and Heinder（2009），p. 76.
27）Ciorciari and Heinder（2009），pp. 77-78.　重要な点として，KR 特別法廷設置法とカンボジア・国連協定との関係について，同設置法を優位に置くことを前提として，同協定に国内法としての効力を与えるのを認めたこと，である。
28）初鹿野（2006），258-259 頁。
29）初鹿野（2007），245-246 頁。
30）Ciorciari and Heinder（2009），pp. 85-87.
31）山本（2011），88-98 頁。
32）Ciorciari（ed.）（2006），pp. 171-178.
33）Ciorciari（ed.）（2006），pp. 168.
34）特別法廷の手続きは，基本的にカンボジア・国連協定，KR 特別法廷設置法，カンボジアの刑事訴訟に従って行われるが，特別法廷に特殊な部分や，国内法が国際基準に合致していない部分などがあったことから，内部規定によって補足・調整する必要があった。
35）こうして裁判が遅延している間，2006 年 7 月 21 日に被疑者の 1 人であった身柄拘束中のタ・モック元軍最高司令官が 81 歳で病死した。
36）のちに，カン・ゲック・イアウ（ドゥイッ）の懲役は，1999 年 5 月から 2007 年 7 月 31 日までのカンボジア軍裁判所による違法な拘禁に対する救済措置が適用され，30 年に減刑された。
37）初鹿野（2013），230 頁。
38）起訴理由は，①人道に対する罪，② 1949 年ジュネーブ諸条約の重大な違反，③ジェノサイド，④ 1956 年カンボジア刑事法典における殺人・拷問・宗教的迫害の罪。また，対象となる公訴事実は，主として，①三度にわたる強制移住，②集団農場の設置・運営，③収容所での再教育および処刑場での敵の抹殺，④チャム人，ベトナム人，仏教徒などに対する犯罪行為，⑤強制結婚やレイプ，など。

39）イエン･チリトは，認知症で裁判が停止されたまま，2015年8月22日に83歳で亡くなった（*The Cambodia Daily*, Vol. 62, Issue 20, August 24, 2015）。

40）初鹿野（2017），253頁。

41）初鹿野（2016），255-256頁。

【引用・参考文献】

池田維（1996）『カンボジア和平への道～証言　日本外交試練の5年間～』都市出版。

今川幸雄（2003）『カンボジアと日本』連合出版。

今川瑛一・菊地昌典・木村哲三郎（1980）『新インドシナ戦争～闘うベトナムカンボジアと中・ソ～』亜紀書房。

小倉貞男（1984）『虐殺はなぜ起きたか』PHP研究所。

小倉貞男（2003）「クメール・ルージュ国際人道裁判で何が裁かれようとしないのか」『立命館国際研究』第15巻第3号，57-71頁。

オズボー，ミルトン著／小倉貞男訳（1998）『シハヌーク―悲劇のカンボジア現代史―』岩波書店。

河野雅治（1999）『和平工作～対カンボジア外交の証言～』岩波書店。

近藤紘一（1987）『戦火と混迷の日々―悲劇のインドシナ―』文藝春秋。

チャンドラー，デービッド・P著／山田寛訳（1994）『ポル・ポト伝』めこん。

初鹿野直美（2006）「2005年のカンボジア：人民党の一人勝ち」『アジア動向年報　2006』アジアジア経済研究所。

初鹿野直美（2007）「2006年のカンボジア：フンシンペック党の分裂」『アジア動向年報　2007』アジア経済研究所。

初鹿野直美（2013）「2012年のカンボジア：中国の影響が強まるなかでのASEAN議長国運営」『アジア動向年報　2013』アジアジア経済研究所。

初鹿野直美（2016）「2015年のカンボジア：与野党間の対話と対立」『アジア動向年報　2016』アジアジア経済研究所。

初鹿野直美（2017）「2016年のカンボジア：与野党政治対立の激化と改革を進める政府」『アジア動向年報　2017』アジアジア経済研究所。

ヘダー，スティーブ&ブライアン・D・ティットモア著／四本健二訳（2005）『カンボジア大虐殺は裁けるか―クメール・ルージュ国際法廷への道』現代人文社。

ポンショー，フランソワ著／北畠霞訳（2009）『カンボジア・0（ゼロ）年』連合出版。

本多勝一（1989）『カンボジア大虐殺』朝日新聞社。

本多勝一編（1980）『虐殺と報道』すずさわ書店。

ミシリビエッチ，エバ著／栗野鳳監訳（1988）『NGOが見たカンプチア～国際的な弱い者いじめ～』連合出版。

山本晋平（2011）「旧ポル・ポト派（クメール・ルージュ）の犯罪を裁く：『カンボジア特別法廷』の挑戦―日本発の国際人権NGOの視点から」『自由と正義』第62巻第4号，日本弁護士連合会，88-98頁。

Chandler, David P. (1992), *The Tragedy of Cambodian History*, New Haven, CT: Yale.

Ciorciari, John D. (ed.) (2006), *The Khmer Rouge Tribunal*, Documentation Center of Cambodia.

Ciorciari, John D. & Anne Heindel (eds.) (2009), *On Trial: The Khmer Rouge Accountability Process*, Documentation Center of Cambodia.

Khamboly, Dy & Christopher Dearing (2014), *A History of the Anlong Veng Community: The Final Stronghold of the Khmer Rouge Movement*, Documentation Center of Cambodia and the

Ministry of Tourism.
Kiernan, Ben (1985), *How Pol Pot came to power: A history of communism in Kampuchea, 1930–1975*, London: Verso.
Kiernan, Ben (1996), *The Pol Pot regime: Race, Power, and Genocide in Cambodia Under the Khmer Rouge, 1975–1979*, New Haven, CT: Yale University Press.
Ros Chantrabot (2017), *The Khmer Republic: 1970–1975*, Cambodia: CamEd Business School.
Slocomb, Margaret (2003), *The People's Republic of Kampuchea 1979–1989: The Revolution after Pol Pot*, Chiang Mai: Silkworm Books.
Strangio, Sebastian (2014), *Hun Sen's Cambodia*, Chiang Mai: Silkworm Books.
Vickery, Michael (1984), *Cambodia: 1975–1982*, Chiang Mai: Silkworm Books.
Vickery, Michael (1986), *Kampuchea: Politics, Economics and Society*, London: Boulder.

コラムⅤ

カンボジア王国 国歌：それは復活の歴史

新藤昌子

国旗や国歌はいつの時代もその国の象徴である。

カンボジアに思いを馳せる時，アンコール王朝時代クメール人によって建立され，12世紀から悠久の歴史を見続けてきた美しい寺院，世界遺産アンコール・ワットの存在を忘れることはできない。国歌にみられるキーポイントは，美しい寺院と「赤色」だろうか。

国旗が6種類存在するのと同様に，国歌も政権が変わる度に生まれては消え，また復活したりと変遷が複雑である。民族は9割以上がクメール系カンボジア人，言語は，現在はカンボジア語と呼ばれるクメール語，宗教は上座部仏教が国教とされる。そして「天にも届く澄んだ美しい音色は人々を幸せにする」といわれる，ピンペアト（木管楽器と打楽器を含むアンサンブル）に代表されるカンボジアの伝統音楽が興味深い。国家を想う詩に曲が付けられた背景は即ち，歴史そのものであり，言語と音楽は，文化の理解に他ならない。

現在のカンボジア国歌「王国」は，復活の国歌である。

1941年10月，当時はまだフランス保護領であったが，ノロドム・シハヌーク殿下が国王に即位された際に，上座部仏教僧王チュオン・ナットの作詞，F.Perruchot とJ.Jekyllの共作で伝統の音楽に基づいた曲をつけた「王国」が国歌として採用された。1947年5月に王国憲法が公布され，立憲君主制が宣言され，正式に国歌として制定された最初の国歌が，1993年に再制定されることとなった。後に詳しく触れることとしよう。

1970年3月，ロン・ノル将軍がクーデターに成功，元首に就任していたシハヌーク殿下は公職から追放され，王政の廃止と共に，クメール共和国が誕生したことに伴い，同年10月「クメール共和国国歌」が生まれた。作詞・作曲を手掛けたのは，君主制打倒を共に戦った僧侶であり，活動家でもあったクー・チャム。クメールナショナリズムの旗手とされたヘム・チューの弟子であり，後に政治思想家として名を遺した。詩の前半では，クメールの国と人の賛美，

宗教と文化＝祖先の遺産であるクメール寺院の誇りを歌い，後半は「クメール人よ，立ち上がれ！侵略する敵を迎え撃ち，カンボジアに栄光よ再び！」と力強く終わる。英語やフランス語のタイトルには，March/La Marche とあるように，曲調は明るい行進曲風であり，西洋音楽のメロディに和声がつき，リズミカルに演奏されている。

1975 年 4 月（17 日），亡命先の北京でカンボジア民族統一戦線を結成，指揮を執ったシハヌーク殿下は，共産主義勢力のクメール・ルージュと共に，首都プノンペンを陥落させる。このタイミングで初代の国歌「王国」が復活する。

1976年1月，国名は民主カンプチアとなり，憲法18条にて記念日である「栄光の4月17日」がタイトルとなった新国歌が制定された。同年4月，初めて開催された第1回カンボジア人民議会でシハヌーク殿下は解任され，クメール・ルージュの指導者である共産党のポル・ポトが首相に就任，一旦手を組んだものの明暗を分けることとなった。作詞・作曲者は不明とされているが，ポル・ポト説も否定できない。3節ある歌詞は繰り返されず，途中で転調をしながら，終わりに向かって盛り上がっていく。楽譜上では行進曲のテンポで，という指定があるが，それはどちらかというと重厚な歩みを意味し，2分を超える壮大な楽曲となっている。詩の冒頭は，いきなり「真っ赤な血」という言葉から始まり，「血」という言葉が数回登場する。「町や野が血に染まる」「祖国の革命のために流された同胞らの血は，怒りや勇気となって戦意を高揚させる」「4月17日革命の旗の下，彼らすべての血によって奴隷制から解放された」までの1節。2節は「4月17日万歳」から始まり，アンコール時代からより民主的な，平等な，公正な国を構築するための強い意志を歌い，3節は「民主カンボジア万歳」革命の赤い旗を振り，永久なる祖国の繁栄を歌い上げている。実は1993年に君主制が復活するまで，亡命政府となった時期もこれこそカンボジアの国歌であると主張し続け，日本を含む西側諸国や国連もそれを認めていた。

1979年ポル・ポト政権に対抗するヘン・サムリン軍は，支援介入を要請したベトナム軍と共にプノンペンを占領，カンプチア人民共和国が樹立される。同年Chy Saopeaの作詞Keo Chindaの作曲による新国歌が誕生した。冒頭「カンプチア人民は変化に向けた原動力なのだ」に始まり，団結し，勝利のために血を流す，と1節で歌い，2節は「カンプチアの兵士は勇敢である」いかなる敵をも打ち負かし，人々にかけがえのない自由をもたらすと歌う。3節は「カンプチアの英雄が追い求めているもの」それは敵への復讐，赤き血色の寺院の旗を高く掲げ，幸福へと導くのだと歌い上げる。曲調はベトナムの音調に似て非なるものと感じられる。残念ながら，ヘン・サムリン政権が国際的に承認されなかったため，この国歌も日の目を見ることはなかった。そしてこのベトナム軍の介入こそ，10年にもわたるカンボジア紛争の発端となっていく。

1989年，長い冷戦が終結し，ベトナム軍が完全撤退した後に，カンボジア国憲法により，国名と国旗を民族主義の色が濃いカンプチアから「カンボジア」

に変更になった。外国の支援を受けて，和平に向けた協議がなされ，1991年パリ協定の調印に至る。同年，シハヌーク殿下が国民の大歓迎を受けてカンボジアに帰国。その動向に世界の注目が集まる中，1993年に新憲法が公布され，シアヌーク殿下は再度，王位に返り咲き，長い歴史を経て「王国」の国歌が復活して現在に至っている。

最後に国歌のメロディに見る，カンボジアの伝統音楽について，補足しよう。日本国国歌「君が代」の東南アジア版のような，ユニゾン（同一の旋律の意。斉唱）主体の音楽文化であり，音程はド・レ・ミ・ソ・ラの5音が中心の（国歌にはファの音があるが）ヨナ抜きの5音音階から構成されているので，西洋音楽の和声感とは異なり，また音程のピッチの幅も広いため，独特の味わいを持つ。伝統楽器も木琴・胡弓・オーボエ・環状ゴング・鰐琴（チャケ。木製の箱型胴に張った3本の弦をはじいて演奏する楽器）等，木琴と弦・管楽器と太鼓のアンサンブルが美しく，約1000年前のアンコール時代より受け継がれているもので，アンコール・ワット遺跡にもその演奏の様子を見出すことができる。

日本に西洋音楽が入ってきたのは，明治時代であり，それまでの雅楽との対比，融合が興味深いが，19世紀末よりフランスの保護領であったカンボジアにおける伝統音楽と西洋音楽との比較や共存のあり方も論じるところ満載で，これは音楽家の楽しみとしておこう。

【引用・参考文献】

上田広美・岡田知子編著（2012）『カンボジアを知るための62章［第2版］』明石書店。
鎌沢久也（2004）『メコン街道～母なる大河4200キロを往く～』水曜社。
高田三九三編著（1977）『世界の国歌全集』共同音楽出版社。
ポンショー，フランソワ著／北畠霞訳（2009）『カンボジア・ゼロ年』）連合出版。
丸山庸雄（1992）『キーワードで追うカンボジア紛争』梨の木舎。
森奏子（2015）『ゼロから話せるカンボジア語』三修社。

第5章

フン・セン統治下のカンボジアの民主主義

後藤文男

はじめに

カンボジアは長年にわたる内戦を終結させた1991年10月のパリ和平協定を基に，1993年に新王国政府が成立してから30年を迎える。カンボジアは紆余曲折を経ながらも，フン・セン首相率いる人民党（CPP）政権の下で，政治の安定と目覚ましい復興と経済発展を遂げる一方，民主主義の過程において大きな課題に直面している。

本章では，パリ和平以後，新たな環境の変化の中でフン・セン政権がとってきた政策を明らかにしつつ，カンボジアの民主主義の変遷と今後の課題について考察したい。

1．和平以降の経緯

(1) 新王国政府の船出（国家統合と国民和解）

ベトナム軍によるカンボジア侵攻により，1979年1月7日，ポル・ポト政権からの解放をもってヘン・サムリン政権が成立した。しかし，抗ベトナム三派連合（シハヌーク派，ソン・サン派，クメール・ルージュ（ポル・ポト派，以下KRとする））との間で内戦が続き，1991年10月のパリ和平協定で，ようやく，終結した。パリ和平の経緯については，ここでは多くは述べないが，故今川幸雄元カンボジア大使は1990年5月のカンボジアに関する東京会議に向け，タイと連携して当時未承認国であったカンボジアのフン・セン首相に対し和平の枠組みについての重要な働きかけを行い（今川 2001, 36頁），また，

1991年10月のパリ国際会議で，第三委員会（難民・避難民の帰還および復興問題）の共同議長（今川 2000, 123-124頁）を務めるなどカンボジア和平に尽力され，その後の復興にも，日本の特命全権大使として熱心に取り組まれたことについて，この場をお借りし，改めて，敬意をもってご紹介したい。

パリ和平協定を根拠に設立された国連カンボジア暫定機構（UNTAC）の管理の下で1993年5月に制憲議会選挙が民主的に行われた。KRが選挙をボイコットしたため，パリ合意の当事者である同勢力は不参加のまま実施された。結果は，王党派のフンシンペック（FUNCINPEC）党が第一党，人民党は第二党となったが，紆余曲折の末，同年9月，民主主義，立憲君主制，市場経済を原則とする新憲法が公布され，シハヌーク国王を元首とする立憲君主制の下，（同国王の息子）ラナリット第1首相（FUNCINPEC党），フン・セン第2首相（人民党）という2人首相制とする新王国政府が成立した。和平の下とはいえ，ベトナムの影響を強く受けた人民党と対抗して武力で争ったFUNCINPECが果たして協力して政治運営を行えるのか不安を抱える船出であった。また，同選挙をボイコットしたKRは，新王国政府成立後も勢力を維持し，ゲリラ活動によって国土の安全を脅かした。

(2) FUNCINPECとの連立から人民党単独政権

KRの支配地域での活動が続く中，その扱いをめぐり連立内の確執が高まり，1997年7月，連立政権内での武力衝突事件（7月事変）が発生した。フン・セン第2首相側が制圧し，ラナリット第1首相は国外に退避した。欧米諸国からは，フン・セン第2首相が第1首相であったラナリット殿下を追放するためのクーデターだったとして非難を浴びた。国連における代表権も一時空席となり，カンボジア王国のASEAN加盟も延期となった。このような厳しい状況ではあったが，日本は当時今川元大使を特使として派遣するなど仲介努力[1)]なども功を奏し，1998年に第2回総選挙が実施され，フン・セン率いる人民党が第一党を制した。

国際選挙監視団は，この総選挙を概ね自由公正に行われたものと評価し，カンボジアは国連での代表権を回復し，1999年ASEANに加盟した。第二党となったFUNCINPEC党との連立は維持したが，フン・セン首班で政治運営がなされた。懸案のKRの問題についてもフン・セン首相が主導するウィン・ウィン政策[2)]によりKRは政府軍に帰順し統合され，1998年末，KRは名実ともに消滅し，これにより国家の統合と国民和解が同時に達成した。フン・セン人民党政権は2003年総選挙でも勝利し，さらに2006年に内閣信任に必要な憲法の「3分の2条項」を改正してこれを過半数にすることで人民党単独での政権樹立を可能とするなど政権基盤強化を図った。その結果，2008年第4回総選挙においても国家統合と安定した経済成長を支えに与党・人民党が大勝した。人民党と連立を構成してきたFUNCINPEC党はその後も度重なる内紛や分裂，さらには主要幹部の人民党への移籍などによって弱体化の一途を辿った。与党・人民党は2013年総選挙で勝利するも野党・救国党の躍進で議席を大幅に減らし大きな岐路に立たされるが，そのことについては後述する。

2．フン・セン人民党政権を支える基盤

以下では，フン・セン人民党政権の特徴とそれを支える基盤について見ていきたい。

(1)　人物像と政治スタイル

上記1で見てきたように，フン・セン首相は和平から内政の安定と経済の復興・発展に指導力を発揮してきたが，政治手法の特徴のひとつに「フン・セン演説」での政策アピールが挙げられる。「カンボジアの政治はフン・セン演説で決まる」としばしばささやかれる。フン・セン首相は，国内各地の行事に参加し，演説して回る。軍の士官学校や国立大学の入学・卒業式から各国の援助事業（道路，橋，港など）の起工式・落成式など広範にわたる。そこに出席しない閣僚はテレビ・ラジオにくぎ付けになる。そこでの演説には，その式典そのものに関するスピーチに加え事前には知らされない追加テーマがあり，それが時に内政・外交に関わる重要なテーマのことが多いからだ。2021年12月シハヌークビルでの演説でフン・セン首相は，自らの後継者を長男のフン・マネット軍副総司令官兼陸軍司令官にする意向を示した。前々から公然の噂にはなっていたが，人民党大会での正式承認前の発表であっただけに，国内外で大

ニュースとなった。フン・セン首相は，演説の際，出席する民衆に対し，老若男女問わず語りかけるように自らの信念や政策について話す。ある時は，井戸端会議の話題に出るような冗談を言って笑わせることもあれば，逆に，出席する知事や閣僚でさえも叱責したり，外交団大使を諭したりすることもある。これが，35年以上にわたり政権を率いてきたフン・セン流の政治スタイルなのである。近年，フェイスブックで首相名の公式アカウントを立ち上げ，地方巡回での演説をはじめ大衆食堂や民家の軒先で食事をしたり，住民と対話したり，洪水被災地域で水に浸かりながら援助物資を住民に配布したりする姿が掲載されている。

⑵　国内の支持基盤

フン・セン政権を支える基盤として最も重要なのは，足元の党体制である。1979年1月7日の（ジェノサイドからの）解放は，同党体制の正当性の最大の根拠である。2020年6月28日（党設立記念日）に竣工した人民党新本部建物は，解放日に因んで「1月7日館」と命名されたことからもその重要性が見てとれる。

フン・セン首相は，解放記念の式典にて，「あの当時（1979年1月7日），自分たちがポル・ポト政権の虐殺から解放しなければ，今の国の平和と発展はなかったであろう」と人民党の歴史的功績と正当性を訴える。また，近年，フン・セン首相は解放前に逃亡した国境地区に「1977年6月20日のレジスタンス」[3]を想起する記念センターを設立し，内戦の時代を知らない若い世代を意識し，歴史の記憶を重視している。

人民党内においても，フン・セン首相は権力基盤を強めてきた。同首相は，1998年の首相就任後も2015年まで，副党首に留まっていた。一方，党首はフン・セン首相のライバル関係にあったともいわれるチア・シム上院議長が務めてきた。しかし，同議長が2015年に死去すると，フン・セン首相が党首に就任，名実ともに政府と与党のトップとなり，現在に至っている。名誉党首にはヘン・サムリン国民議会議長が就き，第一副党首にはサイ・チュム上院議長，第2副党首はソー・ケーン副首相兼内務大臣が就いた。この4名が党の最高指導部にあたる中央委員会常任委員会（共産党時代の政治局に相当：36名）のコア・メンバーとなっている。フン・セン首相ファミリーの中で，長男フン・マネットは前述のとおり軍副総司令官兼陸軍司令官，2019年には党の常任委員会委員にフン・セン首相の子息たちの中で初めて就任した。次男フン・マニットは，軍のインテリジェンス部門の長であり，三男のフン・マニーは，国民議会議員兼青年同盟の長を務め，兄弟3人でそれぞれの領分でフン・セン政権を支えている。この他，党内幹部では，姻戚関係を通じた広範なネットワークが構築されている。また，オーン・ポンモニラット副首相兼経済財政相をはじめとする有能な経済テクノクラートの登用（2005年党中央委員，2018年常任委員選出），財界ではロイヤル・グループのクット・メーン商工会議所会頭，LYPグループのリー・ヨンパット同副会頭（上院議員）等の有力な富豪実業家の取り込みも行っており，これらもフン・セン政権の強い政治基盤となっている。

(3)　国際的な支持基盤

フン・セン政権は，近年中国との関係を強化している。特に，経済面での中国の存在感の大きさは，圧倒的である。援助の分野では，中国は，2010年以降，日本を上回る最大の援助国となった。投資においては，縫製産業を主力に不動産，インフラ建設，リゾート開発等，直接投資の約8割以上は，中国からと言われている。貿易分野では，カンボジア最大の輸出先は欧米であるが，輸入元は中国が一位である。カンボジア経済は，2019年までの20年間，年率7%の高度成長を続けてきたが，中国との経済関係なしには，実現は困難だったであろう。また，2018年総選挙での最大野党排除の動きを受け，EUによる特恵関税（EBA）の一時部分停止など，内政・人権状況をめぐり欧米との関係が厳しくなる中で，中国は内政不干渉を掲げ，カンボジアの選挙結果を常に支持しており，カンボジアにとって中国との関係は今後益々重要になると考えられる。但し，人民党政権の伝統的な国際的支持基盤はベトナムであり，同国との伝統的友好関係は維持されている。

3．2013 年総選挙と野党の躍進

2008 年総選挙で大勝して成立したフン・セン政権は，諸改革を打ち出し経済成長を遂げるが，世代交代や国民の政治意識が高まる中，その後 2013 年総選挙を機に大きな試練にさしかかることになる。

⑴　新たな対抗軸（野党連合）

1993 年の新王国政府成立以来，5 年毎の国民議会選挙（総選挙）で人民党は毎回過半数を制する長期安定政権となったが，2013 年 7 月の総選挙では，サム・ランシーが率いる野党・救国党（CNRP）が躍進し，55 議席を獲得し，人民党の 68 議席に迫った。FUNCINPEC 党はついに議席を失った。同党の創設者でもあるシハヌーク前国王が崩御し，政界において王党派は歴史的にもほぼ幕を閉じることとなった。

野党の動向で注目されるのは，反人民党勢力の結集による救国党の結成である。FUNCINPEC 党が弱体化したことは前に述べたが，同党に代わる人民党への対抗軸として台頭したのはサム・ランシー率いるサム・ランシー党である。2012 年 7 月，サム・ランシー党と人権党が合流し，新党・救国党を設立した。同党には複数の王族や元フンシンペック党幹部も加わった。救国党は「変革」というスローガンを掲げて，人々の所得向上に直結する公約を掲げ，多くの若者を含め支持を広げていった。

⑵　躍進の背景

救国党への支持を集めた要因は主に 2 つ挙げられる。1 つ目は，選挙民の世代交代である。昨今のカンボジアの全人口の 65％は 35 歳以下の若者で構成されている。KR 時代から 40 年以上が経ち，ポル・ポト政権の悲惨な時代を知らない若い世代が選挙民の半分以上を占めるようになり，フン・セン政権がこれまで繰り返してきた内戦時代の悲惨な状況からの解放といった与党の正当性に関わる訴えがなかなか若者の心に響かなくなっている。このことは，若い世代が国家の安定や生活の豊かさに加え，過去に縛られずに自由にものを言

え，特に変革を求めるようになったことと大いに関係している。2つ目は，既存のメディア以外にフェイスブックなどの情報ネットワークが浸透したことにある。SNSを通じて，経済開発を伴う不当な土地収奪や人権侵害，汚職，自然資源の収奪など国内で起きている現実を多角的・客観的に認識するに至った(山田 2013, 7頁)。野党・救国党はSNSを利用し，焦点となっていた年金や最低賃金問題についての明確な政策を打ち出したことが，都市部の若者の心・ニーズを捉え，結果的に救国党支持につながった側面もある。また，選挙日の直前（約2週間前）に，海外に事実上の亡命生活していたサム・ランシー救国党党首に恩赦が付与され，急遽帰国したことにより，選挙民の「変革」への期待と気運が一気に高まったことも野党躍進の大きな要因となったといえる。

(3)　野党への強硬策

救国党は2013年の総選挙結果に対し，選挙人名簿の不当削除や不正登録等があったとして受け入れを拒否し，また，国民議会もボイコットした。政治的膠着状態は1年後の2014年7月の与野党合意によりようやく収まり正常化した。与野党合意では，選挙管理委員会（NEC）のメンバーを与野党双方から推薦する仕組みに変更したほか，投票人名簿の電子登録による見直しが行われるなどの選挙改革が遂行された。また，長らく停滞していたベトナムとの国境問題に対しても与野党が協働して，ベトナム側に強い姿勢で対応したことにより，国境未確定地域の協議が前進する動きも見られた。

しかし，与野党の協力体制は長続きせず，野党はじめ政府に批判的立場をとる団体・活動家への締め付けは次第に強化されていったとの批判の声があがった。

2015年8月には，「結社および非政府組織に関する法律」（通称NGO法）の改正を行った。同年11月には，司法当局は名誉棄損罪にかかる過去の有罪判決の執行のためサム・ランシー救国党党首に逮捕状を発出。2017年9月には，ケム・ソカー救国党党首[4]を国家反逆罪[5]で拘留。同年11月には，同年二度にわたり改正[6]された政党法に基づき最高裁判所の裁定で同党は解党に追い込まれた[7]。また救国党幹部118名は5年間の政治活動禁止処分となった。この他，2018年個人の活動や団体・政党の結成を国益・国民の利益を損ねてはならない，内政への外国からの介入を一切受けない，選挙法によって選挙権・被選挙権を制限し得るなど憲法改正を行った（初鹿野 2018, 245頁）。また，国内外メディアの政府批判報道も厳しく規制した。2017年9月，老舗の英字新聞社カンボジア・デイリーは，多額の税の納付を求められ，廃刊に追い込まれた。米国の支援を受けるラジオ局ラジオ・フリー・アジア（RFA）やボイス・オブ・アメリカ（VOA）のプノンペン支社も閉鎖された。

このような強硬手段をとるようになった背景には，与党・人民党の危機感が考えられる。前述のとおり，2013年総選挙での大幅な議席の後退にはじまり，その後2017年6月の地方評議会（クム・サンカット評議会）選挙では，2013年総選挙との比較では得票率で改善が見られたものの，2012年地方選挙との比較では大幅に減らす結果となった。また，カンボジア政府は，2015年ころから「カラー革命」，すなわち民衆による抗議活動などによる政権交代をめざす動きに対する警戒感も示しているとの見方がある（初鹿野 2020, 16頁）。一般の学生が自身のFacebookアカウントに「カラー革命を起こす」と書き込み，逮捕・収監される事件も発生している。時期は遡るが，2013年12月には，縫製企業の労働組合側が最低賃金の引き上げをめぐり，反発したことがきっかけで，プノンペン市内で推定約20万人が参加する大規模デモが発生した。当時は，街中各地で，治安部隊との衝突事件が発生し，緊張が高まった。政府はこの大規模デモをカラー革命の動きとみなし，警戒を強める契機となった可能性がある。

4．2018年総選挙

(1)　選挙結果

7月29日の総選挙は平穏かつ円滑に実施され，与党人民党が約490万票（投票数の76%）を得て全125議席を占め大勝した。救国党を含まない19野党も参加したが，いずれの野党も議席をとることができなかった。一方，解散させられた旧救国党のサム・ランシーは国民にボイコットを呼びかけた。これに対し，人民党は投票へ行くよう繰り返し呼びかけた。このような状況の中，投票率は82%（前回2013年総選挙は69%）と高い水準であった。一方で多くの無効票が出た。

(2)　評価

総選挙までの最大野党排除の動きを受け，EUは特恵関税（EBA）の一時部分停止などの措置をとった。米国は，民主主義の後退に懸念を表明するとともに，選挙支援等を停止し，一部政府・軍高官への査証発給停止や資産凍結措置を行った。これに対し，カンボジアは欧米諸国からの批判や制裁措置に対して，カンボジア政府は客観的な法の執行であることを強調しつつ，ベトナムやタイ，ラオスといった周辺諸国と比べても，まがりなりにも多党制民主主義を維持し選挙も行っているのに，なぜカンボジアだけが非難されるのだと問い質し内政干渉だとして反発している。

前述のとおり，2018年の総選挙は最大野党が不在の中での選挙であり，人民党の勝利は大方予想されていたとの評価もある。他方，社会の安定と年率約7%の経済成長を実現し，また，前回2013年総選挙の反省を踏まえ，党指導部から地方組織にいたるあらゆるレベルで若年層の取り込みに奮闘しながら諸改革に取り組んだことも想起しておく必要がある。最低賃金の上昇（2013年の月額80ドルから2018年170ドルに大幅に上昇）等の成果のほか，フン・セン首相による工場労働者との直接対話を行いながら最低賃金の増額や妊娠した女性労働者に対する雇用の保護や給付金の支給などの政策を打ち出したことが，支持取り付けに功を奏した点も，看取される。また，旧救国党勢力の訴えるボイコット戦略に対する国民の不支持が看取された点も，勝因につながったと考えられる。現地英字紙であるプノンペンポスト紙が選挙後の論評でサム・ランシー元救国党党首の選挙ボイコットの呼びかけが裏目に出たとして，サム・ランシーおよび救国党のムー・ソックフオ元副党首の対応を批判しているのは，示唆的なものと言えよう。2022年6月に行われた地方選挙では，与党・人民党が議席の8割超を確保し解党となった救国党の流れをくむ蠟燭の火（キャンドルライト）党は議席の2割程度獲得した。2021年12月に開催された人民党中央委員会総会では，2023年総選挙での勝利を目指し，党内の一致団結を標榜した。ティア・バニュ副首相兼国防大臣およびマエン・サムアーン副首相兼国会関係監査大臣両名が新たに副党首に任命された。

(3) 後継者問題

上記人民党中央委員会総会では，長男のフン・マネット軍副総司令官兼陸軍司令官を将来の首相候補として指名し，満場一致で支持された。兄弟の中でフン・セン首相が将来の国のリーダーとして最も期待していたのがマネット司令官である。米国ウェストポイント陸軍士官学校をカンボジア人として初めて卒業し，その後ニューヨーク大学で経済学修士，英国のブリストル大学で経済学博士を取得した。同司令官は，党内では若手幹部のリーダー的役割を担っており，一般国民の若年層に対してもSNSなどを通じて積極的な情報発信を行っており，徐々に知名度・実績を積み上げている。後継時期については，明らかにされていないが，いずれにせよ，首相候補となったマネット司令官は今後，2023 年の総選挙後の然るべきタイミングを見計らいつつ，将来的にフン・セン首相より引き継いでいくものとみられる。

(4) 今後の課題

上述のとおり，フン・セン人民党政権は，2018 年の総選挙で大勝したものの，その後のコロナ禍以降の経済再生をはじめ[8)]，汚職対策や教育改革等課題は山積しており，来年の総選挙を見据え，これらの課題に対応していくための改革や具体的取り組みが期待されている。

首相の後継者が決まったことを受け，党内指導者層の世代交代が大きな課題である。現在の指導部では首相を含む 70 歳世代の指導層から 50 歳以上の世代（オーン・ポンモニラット副首相兼経済財政大臣，プラック・ソコン副首相兼外務国際協力大臣等），30～40 歳代（サーイ・ソムアル環境大臣，ソー・ソカー教育・青年・スポーツ省長官他）の 3 つの世代からなると言われるが，上述のとおり旧共産主義時代からの党のシステムをベースに運営していることもあり，若者の登用や思い切った人事の刷新は容易ではない。しかし，党内・政府内の世代交代は，次世代のリーダーたちに登用の機会を与え，党内・政府を次世代に見合う体制づくりをしていく上で不可欠である。今後，こうした党の体制のテコ入れまでできるかが重要なポイントとなるとみられる。

おわりに

パリ和平協定以降，約30年が経った現在，フン・セン政権は様々な問題に直面していることは，上記で見てきたとおりである。また，フン・セン政権が，同協定で謳われた多党制民主主義に照らして，旧来的で，権威主義的な体制を強めているという批判的な論調が多くみられることも事実である。

カンボジアの民主主義の現状や変遷をどう評価するかは，評価者の視点によって異なるが，かつてのジェノサイドの惨状に起因する人材不足やガバナンスの脆弱性等様々な問題にもかかわらず，フン・セン政権が国民統合を含め政治的安定を実現し，経済的な発展を成し遂げて国民生活を向上させてきたことは評価しなければならないであろう。

民主主義といっても隣国のベトナムやラオスその他の東南アジア諸国の発展過程を見れば，ひとつの基準で評価することなどは困難であり，後退があったからといって制裁を加えることが必ずしも改善に向かうことになっていないという事実も十分に踏まえる必要がある。他方，カンボジアの場合，上記で見てきたように，少数野党がまだ十分な受け皿になっていない中で，チェック・アンド・バランスをどう考えるか，選挙民の世代交代による世論の変化，特に変革を求める国民のニーズに応えるための改革や基盤整備をどれだけ打ち出していけるかがこれまで以上に問われることになろう。

【付記】
本章は，筆者が個人の資格で執筆したものであり，表明されている見解は筆者の所属する組織の見解を示すものではない。

【注】

1）日本政府は7月事変発生前に今川元大使を特使として派遣したほか，発生後も停戦とラナリット殿下の政治参加等を含む4項目提案を行うなどして自由・公正な選挙による事態の正常化のために貢献した。

2）軍事・治安面で脅かしていたKRを政府軍側に取り込むため，フン・セン首相のイニシアチブで行った政策。それまでの戦闘当事者の双方（政府とKR軍）を勝者（Win-Win）とすべく，KR兵士に対して既得権益と政府内の身分保障を約束して投降を促すもの。この結果，1996年8月，KRの実力者イエン・サリ元外務担当副首相率いる部隊が政府軍に投降し，その後もKR幹部の部隊の投降が相次ぎついに1998年末KRは名実ともに消滅した。

3）ポル・ポト政権下，東部地域の地方幹部であったフン・セン氏は，次第に地方幹部にまで及んだ粛清の動きから身の危険を感じ，1977 年 6 月 20 日にベトナムに逃れた。
4）2012～2017 年，サム・ランシーが党首。2017 年以降はケム・ソカーが党首に就任。
5）ケム・ソカー救国党党首，アメリカの支援を受けて国家転覆をはかろうとしていたのではないかとの容疑で逮捕された（刑法 443 条）。
6）2017 年 2 月の改正政党法では，党首が有罪判決を受けた場合には最高裁が解党命令できるとした。
7）救国党解党を受け，国民議会における救国党議席は他党に配分された。
8）2021 年のカンボジアは，2020 年に続き，新型コロナウイルスの感染拡大により主要産業（縫製業，観光業）を含め経済・社会に多大な影響を及ぼした。国際通貨基金（IMF）は，2021 年のカンボジアにおける経済成長率が 2.2%，2022 年が 5.1%となると予測している。

【引用・参考文献】

今川幸雄（2000）『カンボジアと日本』連合出版，119-134 頁。
今川幸雄（2021）「カンボジアから見た隣国タイとの関係」阿曽村邦昭編著『タイの近代化―その成果と問題点―』文眞堂，30-36 頁，第 2 章。
篠原勝弘（2017）「カンボジアの過去・現在・未来」『ICD News』第 70 号（2017.3），17-25 頁。
初鹿野直美（2020）「カンボジアの 2018 年国民議会議員選挙にいたるまでの経緯」『カンボジアの静かな選挙―2018 年総選挙とそれに至る道のり―』日本貿易振興機構アジア経済研究所，1-17 頁，序章。
初鹿野直美・新谷春及（2020）「2018 年総選挙：参加政党の公約と選挙の結果」初鹿野直美『カンボジアの静かな選挙―2018 年総選挙とそれに至る道のり―』日本貿易振興機構アジア経済研究所，23-36 頁，第 1 章。
初鹿野直美（2018）「最大野党排除のままの総選挙実施と選挙後の懐柔策」『アジア動向年報 2019』日本貿易振興機構アジア経済研究所，242-249 頁。
初鹿野直美（2014）「与野党対話による膠着状態の解決」『アジア動向年報 2015』日本貿易振興機構アジア経済研究所，284-287 頁。
三上正裕（2021）「カンボジアから見た中国」『霞関會会報』8 月号（No. 904），9-12 頁。
山田裕史（2013）「変革を迫られる人民党一党支配体制（特集 1　カンボジア国家建設の 20 年）」『アジ研ワールドトレンド 219』日本貿易振興機構アジア経済研究所，4-7 頁。
山田裕史（2021）「パリ和平協定 30 周年から振り返るカンボジアの体制移行」『IDE スクェア―世界を見る眼』日本貿易振興機構アジア経済研究所。
山田裕史（2021）「人民党長期支配下で台頭するカンボジア版「太子堂」」『IDE スクェア―世界を見る眼』日本貿易振興機構アジア経済研究所。

コラムⅥ

カンボジアの教育に関するあるNGOからの報告

秋尾晃正

1．民際[1]のカンボジアにおける指針と施策

(1) 教育こそ国の発展の基礎だが，その認識は低い

1987年より，タイ・ラオス・カンボジア・ベトナム・ミャンマーで初等教育・前期中等教育の支援を実施，自ずと各国の教育省との関わりをもった。その経験からの雑感である。

① 偉人とは国の教育の基礎を作った人たち

どこの国でも同様に歴史的に評価されている偉人は，国に貢献した軍人や政治家が多いと思うが，私はその国の義務教育制度の基礎を築いた人材こそ評価される偉人だと思う。余り評価されない。故に貧困削減のための初等教育・前期中等教育の義務教育化の教育制度の施行は21世紀の今日でも多くの国々で大きな課題であると痛感する。カンボジアもその一国である。

② 教育省の人材不足

カンボジアの教育に関わる組織は，教育青少年スポーツ省本省から20州と4自治市，州の下には193郡の教育委員会，および各種学校の教師たちである。州レベルで後期中等教育を，郡レベルで前期中等教育を所管している。それに各学校に教員が存在する。ここに質と量の課題があり，一番の課題は，本省に在り，その役割は教育政策の立案，教育行政，カリキュラムの作成であるが，現実的な総合的な政策立案の人材がいないと言える。

③ タイの事例

1990年代のタイの教育改革の実施者だったタイの教育省の事務次官になったパノム博士は，米国の大学で博士号，同期のトンチャイ博士も同様に米国の大学で博士号，この2人に加えて計7名の教育省の仲間が教育改革を実行したとパノム博士は語り，改革の20%が成功で80%は失敗したとも語った。今日のタイの発展をもたらしたのは，この7名の教育省の改革者たちで，偉人であると私は思う。が，カンボジアにはそのような人材は見当たらない。

④　クメール人によるクメールのためのクメール教育

多くの国際機関や政府機関，NGO が，カンボジアの教育支援を実施しているが遅々として改善されていない。教育省内で，教育政策，教育行政，カリキュラム作成の分野で博士号取得者を育成し，これらの人材により教育改革の総合計画を作成し，その総合計画に沿って，国際機関や各国，NGO が協力するが望ましい。

(2)　カンボジアの活動開始にあたって――連携から自前の事務所へ

タイ・ラオスの事業展開で一定の成果があり，次の国として，カンボジアの事業展開を考え，2007 年に活動を開始した。

①　National NGO との連携を試みた

経営的な観点から，初期投資がいらない。事務所代・事務機器の購入のみならず，人材採用の時間と費用など，かつ，速やかに事業の展開ができるという判断から連携の方針を立てた。特に橋頭保を構築するにあたって，一番大事なのは，経営能力をもった経営陣の存在である。一国一城の経営陣に期待した。結果的にこの判断は間違いであった。高い授業料を支払い，毎年契約を変更し，段階的に円滑に契約を解消し，最終的に自前の事務所を持つことになった。以後，ベトナムやミャンマーでも，自前の組織を設立，地元の NGO との連携は以後，政策として，採用しないこととなった。

②　自前の事務所を構築

自前の事務所への再構築のため新規に人材採用を実施，だが履歴書を見ても，カンボジアの学歴や企業職歴は理解できない。よって，日本留学組であれば，ある程度，その学歴を理解できると判断し，2 名採用した。課題は同期の桜は通用せず，勤務開始当日から告げ口があった。また，日本の大学卒だけでは，実務経験がなく，新人教育もできないので，実務遂行に大きな問題が生じた。

③　日本企業経験者

最終的に在カンボジアの日本の大手の建設会社で勤務した人材の採用がなされ，一件落着し，円滑に事業が促進されるようになった。日本企業勤務の経験は，非常に大きい。時間の概念，報連相，企画書・報告書の書き方等日本企業で基礎教育はなされているばかりでなく，日本的経営思考の理解度は申し分ない。事業を拡大しても，問題なく解決できる。

⑶　MDGs の EFA――SDGs QE への転換

①　初等教育の支援

2015 年までの MDGs（ミレニアム開発目標）の教育の目標は EFA（Education for All）の目標で，2007 年に活動を開始したカンボジアでは，小学校 4 年生から 6 年生までの奨学金の提供を開始した。貧困削減が，指針であるため，成績の如何に問わず貧困家庭の児童に奨学金を提供した。一定の成果があり対象地域では中途退学せず小学校卒業卒業することとなった。

②　前期中等教育の支援

2030 年までの SDGs（持続可能な開発目標）の教育の目標は QE（Quality Education）で，指針として前期中等教育の奨学金提供を展開した。奨学金を受けた生徒の中途退学はなくなった。遠距離通学生徒には中途退学者を無くすため，通学用の自転車の提供も実施している。が，中学校進学率は依然低い。2030 年まで中学校の進学率を 100％にすることは不可能に近いと言える。

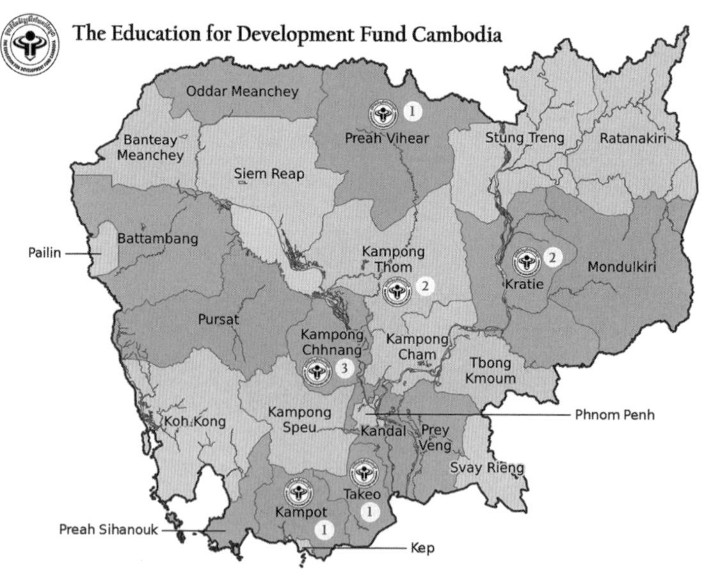

2023 年度時点で，EDF はロゴが記載されている 6 州で活動しており，ロゴの下にある数字は支援対象郡の数で，その郡内にあるほぼ全ての中学校が対象校。

図　EDF カンボジアの活動

③　労働集約的産業から起業する人材の育成時代

観光業を除けば，繊維産業など労働集約的な産業が就業の主だが，何れはAIに取って代わる時代が到来する。望ましいのは外資系企業で労働者として働くばかりでなく，起業する人材育成が望まれる。それには少なくとも後期中等教育の必要性があると思える。

④　後期中等教育の支援

2022年度から普及高校・技術系高校の奨学金の提供を開始した。高校の奨学金担当者教師はクラウド上にある民際のSDB（学生データベース）に学校情報・生徒情報を入力，奨学金提供者はインターネットを通してくクレジットカードで支援する。支援する学生情報・写真は奨学金提供者のマイページで読み取ることができる。ICTを駆使した制度になっている。

⑷　経営と課題と今後

①　事務所の運営の課題

日本事務所とタイ事務所は経営陣およびスタッフ間での情報の共有・チームワークで事業を円滑に運営している。ドラッカーの『非営利組織の経営』など経営に関する本は日本・タイでは翻訳されており，共通の概念をもつが，フランス統治国だったインドシナ三国は，経営に関する本が翻訳されていないので，共通認識を持つのに努力が必要。また，経営に類似傾向があり，上下関係が明確であり，チームワークや情報のスタッフ間での情報の共有はなされない。

②　次世代の人材育成の課題

故にトップが全ての把握し，スタッフは個々の事業を担当する。事務局長や課長クラスなどの中間管理職の形成が難しい。と言って，米国企業のように全ての工程をマニュアル化することはでできず課題がある。トップの交代には，日本ないしタイの経営者が関与しなければならないだろう。

③　点の支援

カンボジアでの教育支援は経済的に恵まれない家庭の子弟を2007年より実施。女子寮の建設，図書支援，通学自転車支援，学校トイレ建設，学校の水資源の確保と水道設備設置などを実施しているが，カンボジアのSDGsのQEの目標達成には点の支援であり，線にも面への支援にもなっていないのが現状で歯がゆいとしか言いようがないのが本音である。

2．教育の現状

(1) 初等教育の現状

教育青少年スポーツ省の2020年から2021年の統計によると全国で7304校の小学校があり，児童数2,010,286名で，教師数が44,875名，非教員が12,425名である。総人口1672万（2020年）で一年齢あたり33万名と想定されるが，若年層の人口が多いので，約200万名の子どもが小学校に通っている統計では，ほぼ小学校教育の適齢期の子どもは教育を受けており，MDGsのEFA（万人のための教育）の目標は成功したといえる。進級できず落第生が14万名いるが，教育の在り方というよりか，貧困家庭の原因等による出席率が所定の日数に到達しなかった課題の方が大きいと思われる。

特記すべき事は，約18％の928校はパゴダ，寺の敷地内に学校がある。伝統的文化といえる。仏教国としての歴史的に仏教を教える学校として発達した学校教育が公教育の場として，現在に至っている。

一校あたりの児童数は，平均275名で，一学年46名，教員数は6.14名，教職員を含めると7.8名となる。小学校教育に関して，それなりに制度は確立されていると言える。しかし，教育の中身，教員の質の問題は近隣諸国と比較すると差異はあると言えるではないだろうか。

例えば，全国18カ所に小学校教員養成校を，6カ所に中学校教員養成校を設置して，地方で教師の育成をする制度である。ここで2年間学ぶと，必ず教員免許がもらえて，卒業すれば教師になれる。18歳で高校卒業後，2年間の教員養成校を卒業，20歳で教育の現場に立つ。私が訪問した田舎の学校の事例だが，小学校に赴任した町出身の先生は，マラリア手当の支給（僻地手当）を受けても，貧しい村では，村が先生の住宅を準備できず，二畳に満たない雨を凌ぐ小屋を自分で建て生活していた。奨学金を得て，晴れて教師になり，赴任してきたが，町に帰りたい気持ちがいっぱいだった。ラオスでは村人たちが，先生の宿泊の住宅を建設したのとは雲泥の差がある。ポル・ポト時代の影響か「おらが村」という意識や地域おこしやCBO（Community Based Organization）が，存在しないのが課題かもしれない。

(2) 中等教育の現状

① 中等教育の制度

前期中等教育（grade 7-9で，日本の中学校の学年に相当。分類では

College と称する中学校が 1,246 校，Lycée と称するフランス統治時代のエリート校の系統の学校，grade 10-12 の高等学校が 34 校，grade7-12，中高一貫校が 520 校存在する。

②　中等教育の学校数と生徒数と進学率とひとつの盲点

中学校が 1,766 校で，高校が 554 校ある。中学校の生徒数は 632,303 名で，高校の生徒数は 351,794 名である。単純に計算すると一学年あたりの生徒数は，中学校は 210,758 名，高校は 117,275 名である。

一校当たりの中学校の生徒数は 358 名で一学年あたり 119 名である。高校の一校あたりの生徒数は 212 名で一学年あたり 71 名である。

小学校の一学年数を 335,048 とすると，中学進学率は 63％で，37％の児童は中学進学していない。まして高校になると 35％で，65％が高校進学できていないのが現状である。

もうひとつの盲点として，学校における塾的な補充授業がある。この授業を受講するには月謝を納入しなければならない。一般の授業だけでは試験に合格することは不可能なので，この費用を賄えない生徒は進学を諦める。大きな課題はこの収入が無ければ教師たちの生計がなりたたないという悪循環がある。税収入が増えないと教育予算の増額が見込まれない。経済を活性化するには有能な人材が必要であり，一朝一夕には解決できないが，先行投資として教師の給料の改善をすることで，有能な人材の中学教師志望者の拡充を図るのも一案である。

③　教職員数

中学校教師数が 28,174 名，職員数が 5,100 名で，計 33,274 名，一校あたりの教員数は 16 名で，職員数は 9 名で，358 名の生徒に対して 19 名の教職員の学校となり，一教師 22.4 名を担当することとなる。

高校教師が 15,457 名，非教師が 2,422 名で，計 17,879 名，一校あたり教員数は 28 名で，職員数が 4.4 名で，212 名の生徒に対して，32.4 の教職員の学校となり，一教師あたり 7.6 名の生徒を担当する。

この教職員数は一定の生徒数が増加しても対応できる体制であるが，生徒数が拡充されない原因は他にある。

④　中学校の進学率の課題

SDGs の目標年度 2030 年までに，中学進学率を 100％はほぼ不可能で，まして高校進学率の 100％は夢のまた夢としかいいようがない。

小学校の場合，7,304校の内，都市部には688校，郡部には6,616校あり，その割合は9.4%対90.6%である。

中等教育の場合，Lycée校も含めた全中学校数は1,800校で内，都市部には238校，郡部には1,562校あり，13%対87%であり，比較すると中等教育の学校数は都市部に多くあり，郡部は3.6%少ない。

郡部においては，小学校数が6,616校で，中学校数が1,562校ということは約4.24校の小学校の児童が最寄りの中学校に通うことになる。多くの国々では，高校1：中学2：小学校4の割合で学校数がある。言い換えれば通学距離を考慮すれば小学校2校に1校の中学校が望ましい。その計算で割り出すと，約倍の中学校があれば，通学可能な地域に中学校があると言える。郡部においては，3から5村で，一校の小学校あり，徒歩で通学可能であるが，12村から20村に一校の中学校では物理的に通学が困難といえよう。それこそ通学距離が10キロ以上となれば雨季など通学は自転車があっても無理といえる。故に中学進学率は低い。

大きな課題はどうすれば，早急に中学校の進学率を向上さし，高校進学率も隣国タイのようにできるかである。それができれば，カンボジアの経済的発展が可能である。

3．改善に向けての政策提言

(1)　小学校に中学校を併設するタイの事例

①　悲鳴をあげる

1989年11月に朝日新聞の社会面にダルニー奨学金のことが大きく記事になり，奨学金提供者が多く集まり，6000余名が翌年の1990年5月に中学校一年生に入学した。が，問題が1991年に起こった。5月の2年生に進級するにあたって約25%の1,500名の生徒が中途退学した事が判明した。1人の生徒を卒業まで支援する約束で日本の6,000名余の方々が生徒の支援をした。生徒の名前と写真，家族構成，親の職業，学校情報などの報告書が支援者に届き，生徒が毎年成長し，卒業まで支援するという期待と楽しみがあった。が，報告が届くと，二年生で，同じ学校名だが，写真は違う生徒のものだった。寄付した多くの方々から苦情が寄せられ，電話が鳴り止まなかった。まさに日々電話口で，平謝りし，原因究明のため，タイに行き，県の教育委員会が奨学生選考委員をしたので，原因を確かめた。村にある小学校校長などからも退学した生徒の事情を聴いた。殆どの生徒は中途退学せず，通学を希望したが，中学校は遠距離にあり，張り切って当初は通学したが，昼食に帰宅できず，退学せざるを得なかった。よって，中学校では，奨学金があれば卒業可能な学校に近い生徒に二年生から奨学金を提供したことが判明した。

②　問題解決

この情報を基に，助けを求め，タイの教育省の中等教育局と会議を持ち，中途退学しない方法がないか打診し，協力を仰ぐことにした。翌年からその問題は解消され，15,000口余の奨学金が提供されるようになった。

徒歩で通学可能な距離に新規に中学校を建設するには土地が必要であり，建設費用も掛かり単年度では解決できない。また単年度では中学校教師の育成できず，年月がかかる。これを解決したのは，小学校に併設した中学校一年生のクラスを新設，3年かけて中学校教育の施設を毎年拡充した。小学校の教員に教育研修をし，中学の代用教師。その時代に教師の給料を上げ，その後，多くの大卒の若者が中学教員となり，10年を経ずして，中学校が名実ともに義務教育化と質の向上に成功した。1990年代のタイの経済発展に貢献したのは中小企業で働く労働集約的若年労働者の質が向上したことが大きいと指摘されている。その後，時代を経て，中学校の教師は学士号，校長は修士号保有者など，質の向上が同時進行した。

(2)　カンボジアでの導入の仮説

もし，カンボジアでタイの事例を実施すれば，2030年までの中学進学率を急激に伸ばすことができるだろう。小学校には1,275の核になるクラスター校があり，その小学校に初年度は中学一年生のクラスを創設すれは，通学可能な地域に一校，中学校が設立することになる。事前に学区域の小学校と調整し，初年度何名の生徒が入学できるか数字も把握でききる。想定として，この中学校の学区域は，2.5の小学校になろう。

①　教室の確保

仮設校舎建設は，学区域の複数の村の協力をえて，村人たちの力で仮設の一クラスの教室を建設する。3年かけて，計3教室の仮設の校舎の建設を村人に委ねる。本格的な本省のスペックにあった中学校の校舎は，国の予算の都合で順次10年余をかけて建設すれば充分である。

②　教員の確保

小学校には6名の教師と1名の校長及び1名のスタッフがいる。が，1名教師を補充し，全員が中学の一科目を教える。中学は1人の教師が担当科目を教えるので，その科目の教授法の研修を受ける。10年かけて，代用教師から教育学士号を取得した教員を育成し，教育の質を担保する。

4．教育政策・教育行政・カリキュラム

(1)　教育政策の人材に課題

①　教育省の人材と財源

とかく，発展途上国では，軍人，内務，財務，外務省などに，国の有能な人材が集中する傾向があり，その機関でも政策作成に携わる人材はその国のエリートと言える。が，往々にして，教育省の人材はこれらの省庁の人材とは異質であると思える。国の中核を担うこれらの省庁は欧米の大学院等で博士号を取得した人材が多いが，教育省には少ないか皆無である場合が多い。教育省の国家予算は20％前後といわれるが，就学前教育含め，初等教育から前期中等教育の12年間を義務教育化した場合，途上国では大雑把に20％相当の人口となる。また，後期中等教育や大学等考慮すると，自国の国家収入の予算では，不十分であり，国際機関や外国の援助に頼らざるをえないのが現状といえる。本来なら，支援を受ける国の総合計画に基づいて，必要とする財源を国際機関や各国の ODA に頼るのが，受益国にとっても支援する側にとっても一番有効なはずである。総合計画を作成する人財が要である。受益国・支援する機関も担当者は数年おきに変わり，数年単位の短期的な計画になり，パッチワークの如く，その部分だけ良いが，総合的にみると有効的に機能しない場合が多い。

②　教育政策の人材の重要性

総人口1,672万名の19％の初等中等教育，高等教育も含めると20％近い人が，管轄しているのが教育青少年スポーツ省であり，また次世代を担う人材の育成を左右するのもこの本省である。時の政権に関わらず国家百年の計を考え，教育政策を打ち立てる人材がこの省の中核にいるのが望ましい。タイの元教育省事務次官で筆者が創設したタイ事務所である EDF-Thai の理事であったパノム博士の「米国で同時期に教育学で博士号を取得した7人の仲間がタイの教育改革を実施した」との発言は忘れることができない。教育哲学から理数科系の教授法など様々な分野の専門家の仲間だったそうである。これらの人材

が教育政策を作成し，試行錯誤しながら今日のタイの教育の基礎を築いたといえる。「国家百年の計」の気持ちで，カンボジアの本省から若者を選抜し，米国の大学の大学院で，教育哲学や様々な分野に留学さすとともに，タイの教育改革の事例を研究する若者を育成することも重要である。これらの人材により長期的な観点から教育政策の立案をする時代の到来を期待したい。急がば回れの諺の如く，クメール人によるクメールのための教育政策を作成できる人材の育成が，最終的に有効な政策かと思われる。

(2)　教育行政の人材育成に課題

クメール人による教育政策の総合計画さえでき上れば，教育行政に携わる人材の育成もより容易になるかと思われる。教師育成大学は各科目の教授法を学び，大学の教育学部では教師育成でなく，教育哲学及び政策，教育行政，カリキュラム作成等の学問を学ぶようにすれば，次世代の人材育成が可能になる。

(3)　カリキュラムの課題

日本も含めた欧米の教授法でカリキュラムを作成し，それに沿って教科書の作成等の支援を行っている。全て善意ある外国の智と財でことが進捗し，事業が完了するが，クメール人の教科書編纂の研究委員は翻訳等の役目が主である。タイのコンケン大学の教育学部での大学院の教育の一環として算数などでは，教科書の各課の教え方，児童生徒の理解度等を検証し，適正なタイ語の単語の選択やタイの文化にあったイラストや，現実の学校の補助教材の有無などに照らし合わせ，最終的な教科書の作成の手順を踏んでいる。とかくありがちな，欧米文化の直訳，直輸入でなく，一度クメール文化と現実の教育の実情に合わせるように消化し，教科書や教授法を再構築することで，教育の質の向上を果たせる思われる。

(4)　教育支援への提言

どちらかというと教え方など技術的な知識の分野の支援に偏っているのではないだろうが。成果物が教科書という目に見える物になりがちである。全ての子どもに全教科の教科書を毎年無料配布は莫大な予算である。児童生徒の家庭の負担の購入制度を採用すれば半数以上の子どもは手にできないのが実情であろう。知識・情報は，ICT（情報通信技術）の発達に伴い言語の壁も乗り越え

写真　カンボジアの女子高校の授業風景

て収集が可能な時代になった。ICTの活用も含めて，一番の要であるカンボジア教育政策を作成する人財の育成を日本が担うことではなかろうか。南南協力も含めて，タイの教育政策の歴史は欠かせない。日本が音頭をとり，人財育成プログラムを形成することで，そのようなことが可能となると思う。

注

1）世界の民と民が協力し教育支援を通して貧困削減と平和構築を目指し，1987年にボランティア団体として民際センターを設立，2009年に一般財団化し，2014年に公益財団法人となる。英名はEDF-Japan。1987年タイにEDF（Education for Development Foundation）設立。1990年にタイの内務省認可の税制優遇措置を有する財団化を図る。1995年にラオスにEDF-Laos，1996年にタイにEDF-International及び米国にEDF-America，2007年にEDF-Cambodia，2012年にEDF-VietnamとEDF-Myanmarを設立。約2,000校の学校の経済的に恵まれない生徒にダルニー奨学金を提供。学校施設整備事業として，校舎建設，寮建設，トイレ建設，水施設建設，図書事業，コンピューター教室整備事業，教材支援事業，通学自転車事業や一校一事業と通し給食事業の整備，教育内容拡充事業として，国家教育指導者育成事業，少数民族教師育成事業等を実施。

あとがき

本書は，「はじめに」でも述べたように，故今川幸雄駐カンボジア大使のカンボジア和平に対する偉業をたたえる趣旨である。本書への各寄稿者の寄稿内容を見るに，この趣旨は十分に達成されたように思われる。寄稿者の方々の特段のご協力には，編集者として，格別の感謝の気持ちを表明いたしたい。

拙著「序章」は，編集者である阿曽村邦昭と今川幸雄さんとの長年の交流を記したものである。当初は，「はじめに」と合体させようかと考えたのだが，他の寄稿者，特に稲田十一教授のお勧めもあって，別に「序章」を設けることとした。

今川幸雄さんの「コラム Ⅰ　悠々と流れる大河メコンと私」は，「メコン地域研究会」の発会式（2007年9月）の席上，筆者のお願いを聞き入れてくださった今川さんが自らのメコン河地域の，ミャンマーを除く4カ国での在勤体験とカンボジアにとってのメコン河の意義をとりまとめ講演された記録をまとめた内容であって，何回読んでも飽きない講演記録である。

第1章の遠藤宣雄「カンボジアの遺産エンジニアリング――和平と復旧復興のマスタープラン――」は，遠藤さんの得意とする，自らが開発した「歴史遺産エンジニアリング」について述べた内容で，カンボジアに滞在し，今川さんと熟知の間柄でもあり，上智大学のアジア研究所上席研究員を長年，勤め上げた遠藤さんならではの好論文である。

同じく遠藤さんの「コラム Ⅱ　クメール染織の美とクロマー」は，カンボジア農村に住み着いた遠藤さんにして書き得る短いが内容の豊富なコラムであって，読者の間で広範に読んでいただきたいものだ。

第2章の今川さんの論考「カンボジアの近代化――東西陣営の谷間にあるカンボジアの立場――」は，今川さんが最初に在プノンペンの日本国大使館に勤務されたころの観察をまとめたもので，長文ではあるが今川さんの代表作でもあり，現在のカンボジア問題を論ずるためには，過去のカンボジア情勢を辿る上での，熟読不可欠の論文と言ってよいであろう。

その次の高橋宏明教授の「コラム Ⅲ　シハヌーク国王とカンボジアの近代化」も，同教授が若かりし頃，今川さんに外務省専門調査員として仕えたこともあり，今川論文を受けて短いながらもカンボジアの実力者たるシハヌーク国王がどれほどカンボジアの近代化に努力されたかを論じている。

第３章「カンボジアの近代化と社会変容」は，編集者と長年の友人関係にある稲田十一教授の執筆になるもので，カンボジアにしばしば行かれ，実地調査を行った成果を図表にされ，それに基づいてカンボジアの近代化とそれによって生じた富の不均等配分を論じ，最後に，フン・センの独裁的政治支配に触れているのはさすがで，本書，白眉・必見の論文である。

吹浦忠正「コラム Ⅳ　カンボジアの国旗—しばしば変わった国旗だがアンコール・ワットは不変」，新藤昌子「コラム Ⅴ　カンボジア王国 国歌：それは復活の歴史」は，吹浦氏がご自分の専門である「国旗」を巧みにこなし，新藤さんが「国歌」を執筆された完全に別々の著作である。にもかかわらず,「国歌」にはカンボジアの現国歌,「王国」には吹浦さんの写真に言及するなど，統一性を持たせる工夫をしており，また，日本国の国歌である「君が代」との類似性を音楽専門家としての知識に基づき指摘するなど面白い。

第４章「カンボジアのクメール・ルージュ裁判」も，高橋教授執筆の著作であって，第３章の稲田教授の論考と等しく，本書中の白眉・必読の力作であると思われる。

最後になったが，第５章「フン・セン統治下のカンボジアの民主主義」は，外務省の現役カンボジア専門家で，今川さんが，まだ，駐カンボジア大使をされていた時代に，プロトコル担当の大使秘書役として活躍された後藤文男さん著の論考である。外務省の現役カンボジア専門家であれば，だれしもフン・セン独裁の現状には関心があるものと思われるところ，この人たちにはカンボジア再勤務の可能性もあるので，このようなテーマでの論考の執筆には応じない者が多いところ，後藤さんはよくも快く寄稿に応じてくれたと思う。これも今川さんの人徳の余波であろうか。

「コラム Ⅵ」の秋尾晃正著「カンボジアの教育に関するある NGO からの報告」は，メコン地域諸国で，長年，初等・中等教育に携わってきた著者が，自ら，カンボジアの初等・中等教育の実情について記述したものである。カンボジアの女子高校の学級写真も，魅力あふれる写真だから，よく，見ていただきたい。

後藤さんには，索引につき一任したが，これは大変な作業で「一任する」と編著者から言われても，断りたくなるくらいの労力と専門的な知識の駆使が必要とされるのだ。この作業を，無事に終えた後藤さんに対し，謝意を表したい。

なお，本書の出版に関し，欣然，寄稿に応じていただいた方々，及び本書の刊行にご理解，ご協力いただいた文眞堂の前野弘太常務取締役に対し心からの感謝を捧げたい。とりわけ，昨年秋より病気療養中の筆者に代わって校正や最終的な原稿確認に献身的に取り組んでくださった吹浦忠正メコン地域研究会特別顧問には格段の感謝の意を表したい。

2023 年 3 月 1 日

阿曽村邦昭

索　引

事　項

【サ行】

【タ行】

【ナ行】

人　名

【サ行】

【タ行】

【ナ行】

【ハ行】

【マ行】

【ラ行】

執筆者紹介（五十音順）

秋尾晃正（あきお　てるまさ）　コラムⅥ

1942年，東京生まれ．早大政経学部卒，英，加，米で生活，1978年帰国。1979年，現（財）北海道国際交流センター（HIF）を設立，地方の国際交流活動の草分け的な存在で，1985年国際交流基金第一回地域振興賞を受賞。1987年に，日本に北米大学交流委員会，米国にExchange：Japanを設立，米加大学の日本語講座の普及を実施し，160の大学に新規に日本語講座を創設した。国際教育協力を通し，貧困削減と平和構築を目的に活動中。「メコン地域研究会」会員。

1987年　民際センター，EDF-Thai設立（理事長）

1995年　EDF-Laos設立

1996年　EDF-America設立

2007年　EDF-Cambodia設立

2012年　EDF-Vietnam，EDF-Myanmar設立，EDF-International理事長就任

現在の活動

基礎教育普及事業　ダルニー奨学金の提供による中学教育の普及

学校施設整備事業　校舎建設・図書・給食等による教育環境の整備

教育内容充実事業　教師養成等による教育内容の拡充

阿曽村邦昭（あそむら　くにあき）　編著者　はじめに，凡例，序章，あとがき

1935年，秋田市生まれ。東京大学農業経済学科及び（米国）Amherst College政治学科各卒。外務省に入り，駐ベトナム，チェコスロバキア，ベネズエラ各大使歴任後，富士銀行顧問，麗澤大学外国語学部客員教授，吉備国際大学大学院国際協力研究科科長（主任教授），ノースアジ大学法学部教授，（特活）日本紛争予防センター所長，（特活）ジャパン・プラットフォームＮＧＯユニット理事，（社）ラテンアメリカ協会理事，（株）インターナショナル映画社取締役・会長などを経て，現在，（岡山県）公設国際貢献大学校教授，日本教育再生機構代表委員，認定NPO法人「難民を助ける会」顧問，「メコン地域研究会」会長。専門は，政治学，開発経済学。

開発経済学関係の論考は，多数。主著に，『アジアの開発をめぐるメカニズム』（共著，アジア経済研究所，1971年），『西欧の農業』（共訳，農業調査会，1966年），『文化観光論』上下２巻（共訳，古今書院，2009年），『宗教と開発』（共訳，麗澤大学出版会，2010年），『紛争と開発』（訳・注書，たちばな出版，2012年），『メコン地域経済発展論』（訳・注書，古今書院，2012年），『ベトナム―国家と民族―』上下２巻（編著，古今書院，2013年），『ミャンマー―国家と民族―』（奥平龍二東京外語大学名誉教授（元同大学ビルマ語科主任教授）との共編著，古今書院，2016年，『吉備真備―唐の影響と真備の政治的生涯―』（文芸社，2018年），『タイの近代化―その成果と問題点―』（編著，文眞堂，2021年）。

稲田十一（いなだ　じゅういち）　第３章

1956 年，広島県呉市生まれ。東京大学教養学部国際関係論専攻課程卒業，東京大学大学院社会学研究科（国際学修士），同総合文化研究科博士課程単位取得退学。野村総合研究所研究員，日本国際問題研究所研究員，山梨大学助教授，1992-94 年にハーバード大学国際問題センター研究員，1996-97 年に世界銀行政策調査局客員教授を経て，1997 年より，専修大学経済学部教授。2004-05 年に世界銀行業務政策局職員（出向）。

専門は，開発の政治経済学，脆弱国家・復興支援，ODA 評価。

主要著書・編著として，『開発政治学を学ぶための 61 冊―開発途上国のガバナンス理解のために』（共編著，明石書店，2018 年）。『社会調査からみる途上国開発―アジア 6 カ国の社会変容の実像』（単著，明石書店，2017 年）。『紛争後の復興開発を考える―アンゴラと内戦・資源・国家統合・中国・地雷』（単著，創成社，2014 年）。『国際協力のレジーム分析―制度・規範の生成とその過程』（単著，有信堂，2013 年）。『開発と平和―脆弱国家支援論』（編著，有斐閣，2009 年）。『紛争と復興支援―平和構築に向けた国際社会の対応』（編著，有斐閣，2004 年），『国際協力―その新しい潮流』（共著，有斐閣，初版 2001 年，第 3 版 2016 年）。等。

今川幸雄（いまがわ　ゆきお）　コラムⅠ，第２章－1

1932 年，東京生まれ。早稲田大学政治経済学部卒業。1956 年，外務省入省。外務省初代難民対策室長のほか，カンボジア，フランス，ラオス，ベトナム（初代注ベトナム民主共和国臨時代理大使），アルジェリア等在勤。在マルセイユ総領事，在フランス大使館公使，在タイ大使館公使，駐カンボジア大使。1996 年に退官後，関東学園法学部教授，同大学法学部長，同大学大学院法学研究科長，関東学園大学名誉教授，上智大学アジア文化研究所客員教授，日本クメール学学会会長，（株）大林組顧問，外務省参与，（一般社団法人）東京マラソン財団委員，（社）日本カンボジア協会名誉会長，NPO 法人「JHP 学校を」名誉顧問，「メコン地域研究会」会長代理を経て，2021 年 12 月 30 日に 89 歳で逝去。

主な論文に，「東西陣営の谷間にあるカンボジアの立場」（元来，外務省『調査月報』1960 年 2, 3 月合併号収録の論文を，阿曽村邦昭（本書編著者）が発見し，本書第 2 章－1 として，掲載），「カンボジアの国境に関する考察」（外務省『調査月報』1968 年 9 月号所収）および『タイの近代化―その成果と問題点―』（文眞堂，2021 年）の第 2 章「カンボジアから見た隣国タイとの関係」等。

主な著書に，『アンコールの遺跡』（ぱんたか社，1996 年），『カンボジアと日本』（連合出版，2000 年），『ベトナムと日本』（連合出版，2002 年），『カンボジア現代風土記』（連合出版，2006 年），『オーラルヒストリー・カンボジア和平と日本の外交』（政策研究大学院大学，2005 年）。

遠藤宣雄（えんどう　のぶお）　第１章，コラムⅡ

1938 年満州生まれ。1958 年東京工業大学付属工業高校機械課程卒業。日本鋼管（株）川崎製鉄所製管部製管第三課入社。第三課の工場の圧延機が米国の「エトナ・エンジニアリング社」の製品であったことから「エンジニアリング」（engineering）という言葉を知った。

1966年東京大学教育学部教育行政学科卒業。東洋エンジニアリング（株）入社。1982～1986年（財）エンジニアリング振興協会出向。1987年アンコール遺跡は多いが不幸なカンボジアの復旧復興に適用するため自主的に「遺跡エンジニアリング」という方法論を構築する（HSEM, Historical Sites Engineering Methodology）。1991～2007年上智大学アジア文化研究所出向・客員研究員（HSEMの普及のため）。1996～2002年の間にカンボジアの国務大臣顧問二回。1999～2002年国連ボランティア計画出向（HSEMの適用のため）。1989～2002年カンボジア王立芸術大学講師。1991年～現在上智大学アジア文化研究所・名誉所員。メコン地域研究会会員。

専門分野：遺跡エンジニアリング（考えは遺跡に代表される文化遺産を歴史的文化的資源とみなして活用すること）。適用先：カンボジア王国政府，タイ教育省，インドNGOのINTACH，国連ボランティア計画のカンボジアのアンコール地域における住民参加型プロジェクト）。主な著書と論文：『遺跡エンジニアリングの方法』（鹿島出版会2001年）。『カンボジアに魅せられて』（文芸社，2016年）。“Socio-cultural Development through Intergenerational Links”（ANGKOR, A LIVING MUSEUM, museum INTERNATIONAL, vol. 213-214, May 2002, Quarterly review, pp. 64-68）等。

後藤文男（ごとう　ふみお）　第5章

1966年，東京都生まれ。1989年，神奈川大学経済学部貿易学科卒業。1991年外務省入省。

同省アジア大洋州局南東アジア第一課，在カンボジア日本国大使館，在デンマーク日本国大使館，在オランダ日本国大使館在勤，同省国際情報統括官組織第三国際情報官室等を経て現在，内閣官房新型コロナウイルス等感染症対策推進室参事官補佐。

新藤昌子（しんどう　まさこ）　コラムV

1961年生まれ。東京都出身。桐朋学園大学音楽学部声楽科卒業，同研究科修了。

1988年モーツアルト作曲歌劇「魔笛」童子I役でデビュー後，オペレッタをはじめ，古典から現代作品まで，文化庁公演にソプラノ歌手として多数出演。

2008年より「国歌」を通じた国際友好親善活動に努め，駐日大使館主催の公式行事や国際的なスポーツの式典に招かれ国歌を独唱，現在世界150カ国を超える歌唱と研究を続けている専門家。東京2020オリンピック・パラリンピックでは内閣官房ホストタウン事業において「国歌アドバイザー」に任じられ，全国40を超える自治体に解説から言語・歌唱指導の講座を受け持った。2020年3月には国旗の権威，吹浦忠正氏と自身の指導するコール・アンセム（国歌合唱団）100人と共に開催された「世界の国旗・国歌コンサート」@紀尾井ホールは各界より絶賛された。2022年6月キリンカップサッカー大会では，駐日大使閣下の推薦を得て，日本人でありながら対戦3カ国の国歌をアカペラ独唱し，世界から大きな評価を得た。メディアでは「題名のない音楽会」出演の他，NHK WORLD JAPANより「Olympic Anthem Queen」と称され，NHK総合TV特集番組，朝日新聞「ひと」欄，毎日新聞「ひと」欄等，全国紙で国歌の活動が紹介された。

現在，二期会・東京室内歌劇場会員，NPO法人世界の国旗・国歌研究協会共同代表。

高橋宏明（たかはし　ひろあき）　コラムⅢ，第4章

1963年，神奈川県生まれ。1990年，中央大学大学院文学研究科博士課程前期課程修了。プノンペン国立芸術大学考古学部講師，在カンボジア日本国大使館専門調査員，上智大学アジア文化研究所客員研究員，カンボジア王立芸術大学客員教授，東海大学教養学部国際学科准教授・教授を経て，現在，中央大学文学部教授。博士（史学）。

専門はカンボジア近現代史，東南アジア地域研究。

主要著書・訳書・論文に，「現代カンボジアにおけるポル・ポト時代」（上智大学アジア文化研究所『カンボジアの文化復興』第13号，1996年），『母なるメコン』（共訳，めこん，2000年），『カンボジアの復興・開発』（共著，アジア経済研究所，2001年），『カンボジアの民話世界』（編訳，めこん，2003年），「フランス植民地期カンボジアの高級官僚像」（中央大学『アジア史研究』第32号，2008年），「第二次世界大戦期のカンボジアと日本」（東海大学教養学部『紀要』第45号，2015年），「内戦と文化政策」（中央大学出版会『ユーラシアにおける移動・交流と社会・文化変容』所収，2021年）など。

吹浦忠正（ふきうら　ただまさ）　コラムⅣ

1941年，秋田市生まれ。早稲田大学政経学部政治学科卒，同大学院政治学研究科修了。大森実国際問題研究所主任研究員，その後，国際赤十字駐在代表として，バングラデシュやベトナムで活動。難民を助ける会副会長，埼玉県立大学教授（政治学），拓殖大学客員教授，聖心女子大学兼任講師，東京都生涯学習審議会委員などを経て，現在，（社福）さぽうと21会長，ユーラシア21研究所，パチンコ・パチスロ奨学金各理事長，内閣府オリパラ・ホストタウン国旗講座講師，法務省難民審査参与員，パシフィック・シンフォニア東京理事，公益財団法人献血供給事業団監事など。

1964年の東京大会をはじめ，日本で開催した全4回のオリンピックに組織委で国旗や儀典に関わり，2018年度から小6用教科書「道徳」（日文教）で「国旗にこめられた思い」の主人公とし12年間，登場中。関連の著作は，『国旗の考現学』（2020年，MdN新書），『国旗で読む世界史』（2017年，祥伝社）をはじめ61点。

「奇跡体験！　アンビリバボー」「世界一受けたい授業」「視点論点」「林先生の初耳学」「など多数のTV番組に出演，NHK大河ドラマ「いだてん～東京オリムピック噺」，同「青天を衝け」でも国旗考証。自民党，公明党の機関紙や広報誌，また，毎日新聞，同小学生新聞，週刊新潮に長期連載。2017年に，世界の国旗・国歌研究協会を立ち上げ，新藤とともに共同代表。国旗・国歌の「出前授業」を実施中。領土問題や捕虜の専門家でもある。

カンボジアの近代化
――その成果と問題点――

2023年3月20日　初版第1刷発行　　検印省略

編著者　阿　曽　村　　邦　昭

発行者　前　野　　隆

発行所　株式会社　文　眞　堂
東京都新宿区早稲田鶴巻町533
電　話　03（3202）8480
FAX　03（3203）2638
http://www.bunshin-do.co.jp/
〒162-0041 振替00120-2-96437

製作・美研プリンティング

定価はカバー裏に表示してあります
ISBN978-4-8309-5205-0　C3030